Transexualidade

Transmissão da Psicanálise
diretor: Marco Antonio Coutinho Jorge

Marco Antonio Coutinho Jorge
Natália Pereira Travassos

Transexualidade

O corpo entre o sujeito e a ciência

4ª reimpressão

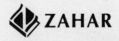

Copyright © 2018 by Marco Antonio Coutinho Jorge
e Natália Pereira Travassos

*Grafia atualizada segundo o Acordo Ortográfico da Língua Portuguesa de 1990,
que entrou em vigor no Brasil em 2009.*

Capa
Estúdio Insólito

Revisão
Tamara Sender
Carolina M. Leocadio

CIP-Brasil. Catalogação na publicação
Sindicato Nacional dos Editores de Livros, RJ

J71t	Jorge, Marco Antonio Coutinho Transexualidade: o corpo entre o sujeito e a ciência / Marco Antonio Coutinho Jorge, Natália Pereira Travassos. – 1ª ed. – Rio de Janeiro: Zahar, 2018. (Transmissão da psicanálise) Inclui bibliografia ISBN 978-85-378-1775-9 1. Psicanálise. 2. Psicologia. I. Travassos, Natália Pereira. II. Título. III. Série.

18-49703	CDD: 150.195 CDU: 159.964.2

Todos os direitos desta edição reservados à
EDITORA SCHWARCZ S.A.
Praça Floriano, 19, sala 3001 — Cinelândia
20031-050 — Rio de Janeiro — RJ
Telefone: (21) 3993-7510
www.companhiadasletras.com.br
www.blogdacompanhia.com.br
facebook.com/editorazahar
instagram.com/editorazahar
twitter.com/editorazahar

Sumário

Introdução 11

1. Interrogações 17

2. Sexo e gênero 27

3. A questão transexual 49

4. Desafios 99

Notas 131

Fontes 139

Agradecimentos 149

A Alexandra e Claudio, amores

A Alain Didier-Weill, nota azul

A Wendy Carlos, música

O homem se define pelo que o inquieta, não pelo
que o assegura.

ELIE WIESEL

Introdução

TRANSEXUALIDADE. No Brasil, o assunto invadiu a mídia, as revistas culturais e de entretenimento, as publicações especializadas de psicologia. Subitamente, fala-se de transexualidade de modo coloquial, sem qualquer surpresa ou indagação. A principal emissora de TV do país veiculou recentemente, em horários nobres, uma novela com um personagem transexual e uma série na qual a questão era apresentada pelo viés científico. Os casos em que pais e especialistas se interrogam sobre uma possível transexualidade infantil se multiplicam.

A banalização dessa condição surpreende, na medida em que o processo transexualizador implica com frequência tratamentos médicos sérios, em sua maioria irreversíveis: hormonioterapias, ablação das mamas, colocação de próteses, raspagem de protuberâncias ósseas, cirurgias de transgenitalização.

O crescimento do número de serviços que oferecem atenção especializada a transexuais e travestis fala por si: desde 2008, quando foi instituído o processo transexualizador no Sistema Único de Saúde, foram criados no Brasil cinco serviços habilitados pelo Ministério da Saúde para atendimento ambulatorial e hospitalar e outros quatro apenas para atendimento ambulatorial. Além disso, há dez serviços de referência em funcionamento, por iniciativas locais. Dentre eles um ambulatório de atendimento a crianças e adolescentes com questões de disforia de gênero.

Este livro aborda a questão da transexualidade sob o prisma da psicanálise e busca refletir sobre o significado dessa multiplicação. Surgida no início do século XX, a psicanálise subverteu as concepções anteriores que naturalizavam o sexo restringindo-o à atividade instintual animal que visa à reprodução. Desde sua criação por Sigmund Freud, a psicanálise tornou-se a disciplina que mais contribuiu para a compreensão da sexualidade humana. E, por isso, consideramos que também cabe a ela interrogar sobre essa manifestação da sexualidade que surge com tanta força no mundo contemporâneo. Acreditamos que há um desconhecimento básico das contribuições da psicanálise para esse tema, e pretendemos colaborar para enriquecer o debate.

Apresentaremos uma breve história da transexualidade no campo médico e psicanalítico, assim como na cultura. Questionaremos a rapidez com que a medicina responde às demandas de adequação corporal dos sujeitos que se dizem transexuais. Ressaltaremos os aspectos fundamentais da sexualidade humana: aqueles ligados à identificação sexual e os relativos à escolha de objeto sexual, duas dimensões distintas que não se superpõem nem se excluem.

Suscitaremos uma discussão que consideramos altamente relevante – e tem sido pouco explorada – sobre a relação entre homofobia e transexualidade, que podemos encontrar em um

Introdução

número considerável de casos. Marcaremos nossa posição sugerindo ao campo científico adotar prudência e refinamento nas avaliações dos casos de transexualidade, sobretudo na infância. E, para isso, destacaremos a importância de nunca encerrar a transexualidade numa discussão entre normal e patológico, mas situá-la nas encruzilhadas da cultura e seus efeitos sobre nossa vivência da sexualidade.

Embora tenha sido escrito por dois psicanalistas, este livro não trata exclusivamente da clínica psicanalítica, mas sim da cultura e da transexualidade como fenômeno social composto, passível de ser entendido pelo referencial teórico freudiano. Do ponto de vista da psicanálise – para a qual cada caso é um caso que deve ser abordado em sua absoluta particularidade –, qualquer experiência transexual é estritamente singular, sendo impossível sua apreensão a partir da generalização psicológica, seja ela a mais sofisticada que for. Isso porque para cada sujeito o que está em jogo é uma constelação simbólica única, exclusiva, impossível de ser repertoriada como um fato psíquico geral. Quando Jacques Lacan ponderou que o discurso psicanalítico é o único que pode fazer face ao discurso capitalista, decerto tinha em mente que, se o lema do capitalismo tem sido "Ninguém é insubstituível", para a psicanálise, ao contrário, "Ninguém é substituível"! Se o capitalismo parte da premissa de que cada indivíduo é uma peça da grande engrenagem que funciona com ou sem ele, a psicanálise outorga ao sujeito o direito de dizer algo que ninguém poderia dizer em seu lugar.

Reconhecemos a violência contra as pessoas que não se enquadram na heterocisnormatividade* – na maioria das vezes iniciada dentro de casa e exercida pela própria família –, mas se estendendo amplamente pela sociedade: a transfobia e a homofobia matam e fazem do Brasil o país n.º 1 no ranking do crime contra transexuais, travestis, transgêneros, homossexuais e bissexuais. Além disso, provocam alto índice de evasão escolar, exclusão do mercado de trabalho e falta de acesso à saúde. Para a psicanálise, a repressão social (intersubjetiva) é o índice do recalque (intrassubjetivo) que acomete cada sujeito em sua estrutura própria, o que significa que a violência com que uma sociedade lida com a diversidade sexual repercute, no fundo, o grau de violência com que cada indivíduo lida com sua própria sexualidade.

O relatório sobre violência homofóbica no Brasil, realizado pelo Governo Federal no ano de 2012, aponta que as violações dos direitos humanos relacionadas à orientação sexual e à identidade de gênero são agravadas por outras formas de violência, ódio e exclusão associados a idade, religião, raça/cor, deficiência e situação socioeconômica, sendo o homicídio a mais grave e extrema dentre tantas outras. Na Europa e na América do Sul já se fala sobre a criação do termo "transcídio" e uma campanha intitulada "Parem o Genocídio Trans".

---

* Heterocisnormatividade é o termo recente que designa os sujeitos heterossexuais que apresentam concordância entre o sexo biológico de nascimento e o gênero considerado correspondente.

Introdução

Diante da vulnerabilidade dessa população, enfatizamos que nossa postura em relação à transexualidade e à transgeneridade, e às suas variadas expressões, é de enorme cuidado e absoluto respeito. Não legitimamos nenhuma forma de patologização de qualquer orientação sexual ou identidade de gênero.

1. Interrogações

Este livro não poderia deixar de levar em consideração os questionamentos e efeitos produzidos pelo artigo que publicamos em junho de 2017,[1] especialmente bem recebido na comunidade psicanalítica nacional e internacional, sobretudo por ter introduzido uma nova perspectiva para refletir sobre a questão da transexualidade. Esta é ainda hoje patologizada sob o diagnóstico de "transexualismo", no Código Internacional de Doenças (CID-10), ou de "disforia de gênero", no Diagnostic and Statistical Manual of Mental Disorders (DSM-V). Se até agora a discussão dominante sobre a transexualidade esteve focada no sujeito transexual, relacionando-a diretamente com as estruturas clínicas – em especial a psicose –, em nosso artigo introduzimos a possibilidade de abordá-la pela via dos fenômenos sociais e da cultura, entendendo que esta produz os mais variados efeitos subjetivantes.

O artigo dividiu opiniões: alguns enfatizaram a importância de interrogar, como o fizemos, as respostas da medicina – soberana porta-voz do discurso da ciência na vida cotidiana – como única forma de resolver, através de intervenções no corpo, o sentimento de inadequação entre sexo e gênero; outros, especialmente os transativistas e defensores do "movimento trans", fizeram críticas que precisam ser consideradas. Ainda que nossa intenção tenha sido apontar para o que depreendemos nos bastidores de uma demanda de adequação corporal para aliviar um sofrimento psíquico – isto é, apontar para a aliança entre a ciência e o capitalismo fomentada pela mídia –, o artigo provocou reações em algumas pessoas, que se sentiram "patologizadas" por nosso uso de determinados termos que podem se prestar a mal-entendidos.

Queremos enfatizar, em primeiro lugar, que a perspectiva psicanalítica que adotamos não admite de modo algum qualquer forma de patologização, ortopedia ou pedagogia da sexualidade. Sigmund Freud, o pai da psicanálise, logo no início de sua obra rompeu a fronteira que separa o normal e o patológico ao falar da "psicopatologia da vida cotidiana", e Jacques Lacan, seu mais ilustre seguidor, resumiu a radicalidade dessa posição freudiana afirmando que o inconsciente é a verdadeira doença mental do homem. Assim, quando utilizamos a nomenclatura que inclui termos como "epidemia", "histeria" e "psicose", entre outros, não estamos criando uma prisão psicopatológica para nela encerrar a transexualidade, mas sim utilizando conceitos da psicanálise para refletir acerca de condições humanas que merecem todo o respeito por parte de qualquer processo de teorização existente, seja psicanalítico ou não.

Parece que o uso desses termos fez com que a leitura do artigo fosse interrompida ainda no título, "A epidemia transexual: histeria na era da ciência e da globalização?" – título que, vale ressaltar, veio acompanhado de uma interrogação –,

Interrogações

particularmente em função da pecha que "epidemia" e "histeria" muitas vezes têm. Sentimo-nos compelidos a examinar rigorosamente esses vocábulos e destacar seu caráter polissêmico, a fim de contextualizar seu uso.

Comecemos por "histeria". Em linguagem comum, o termo pode ter um sentido pejorativo e desqualificante para um comportamento histriônico e de algum modo exacerbado; mas, do ponto de vista da psicanálise, ele apresenta diferentes acepções: 1. um tipo de estrutura clínica, verificável apenas na experiência de análise; 2. uma manifestação de sintomas de que o sujeito padece; 3. a própria estrutura da linguagem, constitutiva da subjetividade. Na nossa perspectiva, a terceira acepção é fundamental, porque ajuda a esclarecer a relação entre a estrutura do sujeito e determinados eventos cuja dimensão social é altamente impactante. Esse aspecto, que seguindo uma tradição clássica da psiquiatria e da psicanálise denominamos de "epidemias de histeria", subjaz em todo o presente livro, mas receberá enfoque minucioso em outro volume. Por ora, é preciso enfatizar que o enigma imposto pela histeria – como tipo clínico e manifestação sintomática – está precisamente marcado pela singular falta de correspondência objetiva entre a materialidade do corpo e a subjetividade, impossível de ser totalmente apreendida.

Por sermos seres falantes, nossa apreensão da materialidade corporal passa pela experiência da linguagem, fazendo com que não sejamos reduzidos a nosso corpo. Como Lacan gostava de frisar, "nós não somos um corpo, nós temos um corpo".

Há uma distância impossível de ser preenchida entre o sujeito e seu corpo e, sendo assim, o corpo en-cena e en-carna os dramas subjetivos concernentes aos conflitos psíquicos que não puderam ser simbolizados através da palavra. Para designar a homogeneidade existente, para os animais, entre o corpo e o mundo, o escritor e filósofo Georges Bataille afirmou certa vez que "o animal está no mundo como a água na água". É precisamente isso que não ocorre com o ser falante, porque entre ele e o mundo há um abismo profundo – chamado linguagem: a linguagem o separa do mundo à sua volta e de seu corpo, vivido sempre como uma radical alteridade.

O termo "epidemia" é usado de forma corrente pela medicina, mas comporta também a noção daquilo que se espalha rapidamente no âmbito da cultura. Seu uso aponta para o fato de que, apesar de as categorias diagnósticas "disforia de gênero" e "transexualismo" serem consideradas de pequeníssima incidência na população mundial, o tema da transexualidade passou a ser objeto de intensa discussão sociopolítica. Muitas pessoas, embaraçadas na relação com o próprio corpo e a sexualidade, são levadas a considerar as soluções dadas pela ciência a suas insatisfações como uma espécie de pílula mágica que pode dissolver totalmente esse mal-estar ao "ajustar" o sexo ao gênero.

Sabemos que as intervenções corporais, cirúrgicas ou de outros tipos, podem constituir uma saída para aliviar o sofrimento de alguns indivíduos e, por isso, consideramos que não cabe sustentar uma posição radicalmente contrária a elas. Mas

Interrogações 21

acreditamos que a medicina, ao criar categorias diagnósticas a partir de suas próprias possibilidades "terapêuticas", faz acenos e promessas que produzem uma legião de "doentes" e "consumidores". O processo que envolve a adequação dos corpos na transexualidade requer um acompanhamento rigoroso por toda a vida, o que significa que o médico acaba por fidelizar seus clientes. A assertiva médica de que o paciente transexual precisará de "tratamento" médico, psiquiátrico e psicológico contínuo não o esconde: "Isso aqui é um compromisso de vida."[2] Este é o outro lado da moeda, sobre o qual pouco se fala.

Apesar da tentativa de objetificação do corpo na lógica capitalista, que faz dele não só meio de produção como também um produto valioso, a subjetividade não pode ser excluída: o psiquismo, em sua estreita relação com o cérebro, pode ser a casca de banana do sujeito. Diferentemente das doenças orgânicas, nas quais é possível detectar alguma lesão ou disfunção no corpo, a transexualidade é explicada exclusivamente pela dimensão psíquica, como acontece nos quadros psiquiátricos. A medicalização e a consequente patologização da vida cotidiana se avolumaram, acompanhando lado a lado o crescimento vertiginoso da indústria de psicofármacos. Instigado por uma questão do tipo "o biscoito vende mais porque é fresquinho ou é fresquinho porque vende mais?", Robert Whitaker, premiado jornalista norte-americano, investigou a íntima relação entre essa indústria e o aumento significativo da doença mental – que, aliás, chamou de uma verdadeira epidemia. Além de confirmar sua hipótese da medicalização excessiva, concluiu que há uma nítida e preocupante tendência a estender para a infância o campo de fabricação de novas patologias.

No caso da transexualidade, considerando que as intervenções hormônio-cirúrgicas não são baratas – por exemplo, em 2010 uma cirurgia de redesignação sexual podia chegar a R$50 mil e atualmente uma dose de testosterona biocompatível* pode custar em torno de R$800 –, cabe interrogar: qual é a influência do mercado nisso que podemos denominar de um verdadeiro "empuxo à transexualidade"** que observamos hoje? A inquietação que nos move nessa delicada e polêmica discussão sobre a transexualidade é a intrínseca relação existente entre a estrutura do sujeito e o discurso dominante atual – isto é, o discurso que alia ciência e capitalismo e usa a sexualidade como doença.

"É uma cirurgia de caráter mutilante e irreversível, não trabalhamos com arrependimentos":[3] a irreversibilidade dos procedimentos cirúrgicos e os delicados cuidados pós-operatórios – no caso da transgenitalização de homem para mulher, por exemplo, muitas vezes o canal vaginal criado se fecha porque a paciente não seguiu as orientações médicas – são uma questão obviamente fundamental, não raro geradora de preocupação e angústia para a própria equipe de saúde envolvida no processo transexualizador, mas pouco abordada.

---

* Um homem transexual precisa de doses regulares de testosterona pelo resto da vida para manter seus caracteres sexuais secundários (ganho de massa muscular, pelos e engrossamento da voz).
** Parafraseando o sintagma lacaniano de "empuxo-à-mulher". Cf. Jacques Lacan, "O aturdito", p.466.

Interrogações

A destransição é o retorno ao sexo biológico depois da intervenção hormonal e/ou cirúrgica; nem todas as pessoas que destransicionam falam em arrependimento, mas muitas vezes o desconforto em relação ao próprio corpo e sua imagem não cessa após as intervenções corporais. Apesar de não representar o que acontece na maior parte dos casos, a destransição passou a ser alvo de reflexão pelo número crescente de ocorrências. Tal reflexão incide diretamente sobre a pertinência da avaliação médica da demanda transexual, assim como sobre a necessidade de controle rigoroso do processo transexualizador. O fato de o Conselho Federal de Medicina e o Ministério da Saúde estabelecerem diretrizes aponta para a dimensão da complexidade médica, psicológica e jurídica envolvida na transexualidade.

Mesmo com a regulamentação estabelecida pela resolução 1.955/2010 do Conselho Federal de Medicina, que prevê, antes do processo de transição, o acompanhamento mínimo de dois anos por uma equipe multidisciplinar – incluindo psicólogo e médico psiquiatra –, é sabido que esse protocolo pode ser quebrado e pessoas que se autodenominam transexuais iniciam o processo de hormonização e até mesmo realizam a cirurgia antes desse prazo. Esse fato foi exposto na mídia, em uma reportagem[4] sobre destransição que trouxe o relato de uma jovem que em apenas seis meses conseguiu o aval para começar a tomar os hormônios e fez a cirurgia de mamoplastia masculinizadora menos de um ano após iniciado o processo. Essa mesma moça suspendeu seu processo de transição porque desistiu de "tentar se encaixar".

Freud foi fisgado pelo mistério das inúmeras manifestações corporais que, embora inexplicáveis aos olhos da medicina, inquestionavelmente acometiam o corpo: cegueira, paralisias, espasmos, afasias... A histeria, considerada por ele a *bête noire* da medicina, não havia sofrido modificação na sua sintomatologia ao longo dos séculos; mas o avanço da ciência – de mãos dadas com o capitalismo e por ele insuflada – deu ao corpo o estatuto de objeto de consumo (o que já havia sido previsto, embora em menores proporções, por Guy Debord em sua elaboração sobre a "sociedade do espetáculo"). Atualmente, a questão que se apresenta no mal-estar descrito pelos transexuais – nascer em um corpo que não corresponde à imagem que têm de si – é muito similar à dos sujeitos que buscam a cirurgia plástica meramente estética para amenizar um sofrimento.[5] Em ambos os casos, o abismo entre a materialidade do corpo e a linguagem com a qual eles o vivenciam não pode ser suportado. Localizar a sensação da falta de completude numa parte do corpo (mamas, nariz, genitália etc.) evoca a angústia intrínseca à constituição do sujeito. Tal como Narciso sucumbe ao ser tragado por sua própria imagem, a falta originária jamais será tamponada por próteses e suturas.

Há muitas décadas, para a medicina, o corpo não está mais inserido apenas no território da doença. Vide a definição de saúde preconizada pela Organização Mundial de Saúde, que inclui três esferas para o bem-estar: biológica, psicológica e social. Ao corpo foram acrescentadas duas dimensões além da materialidade.

Interrogações

Campo de aplicação de diferentes ciências, a medicina caracteriza-se por ultrapassar constantemente os seus próprios limites, na tentativa de vencer aqueles impostos pela natureza. Que o corpo é um objeto, isso não é uma novidade; ele o é inclusive para a própria pessoa que dele usufrui como tal. Contudo, a ciência exacerba essa objetificação do corpo e o aborda como uma máquina, sem deixar qualquer espaço para elaboração psíquica. Como Lacan demonstrou, a especificidade da ciência reside no fato de ela foracluir* o sujeito do seu campo discursivo. É nesse sentido que a ciência objetifica o corpo e o mantém totalmente isolado da vivência subjetiva e da imprevisibilidade que esta comporta.

Verdade seja dita, a psiquiatria sempre foi a especialidade médica mais desprezada; na faculdade de medicina, os estudantes costumam dizer brincando: "O cirurgião é o médico que não sabe nada e cura tudo; o neurologista é o médico que sabe tudo e não cura nada; os psiquiatras são aqueles que não sabem nada e não curam nada." Imprensada entre os avanços proporcionados pelo enorme aprimoramento das técnicas de investigação das neurociências e a escuta do sujeito na psicanálise e nas psicoterapias, a psiquiatria viu seu poder crescer exponencialmente nas últimas décadas com o investimento voltado quase exclusivamente para as pesquisas em psicofar-

---

* Foraclusão é um mecanismo através do qual algum elemento é "preso do lado de fora" de determinado campo discursivo, permanecendo impossibilitado de nele ingressar. Cf. Solal Rabinovitch, *A foraclusão: Presos do lado de fora*.

macologia. Através delas, a psiquiatria conquistou um lugar no Olimpo das "especialidades médicas que curam" e apresentou novas soluções terapêuticas adequadas ao mundo capitalista no qual *time is money* – e, assim, a clínica da escuta do sujeito perdeu espaço.

Se a ciência reconhece que no caso da transexualidade o fator psíquico é inegável e propõe o ajuste do corpo – e consequentemente de sua imagem – ao que é reivindicado pela mente, o que ela está fazendo no rol das patologias psiquiátricas? Vê-se que, à medida que aprofundamos as interrogações, as incongruências se avolumam. A pergunta que acaba se impondo é: no fundo, para que e para quem serve a resposta da adequação corporal? Prossigamos nossas interrogações com Freud.

2. Sexo e gênero

O enigma da diferença sexual

A diferença sexual é um fato biológico essencialmente enigmático. De onde vem essa estrutura biológica que em algum momento remoto da evolução das espécies gerou a reprodução sexuada e a existência de dois sexos diferentes?

Jacques Ruffié, médico hematologista e antropólogo francês, chamou atenção para o fato de que o advento da reprodução sexuada produziu simultaneamente o advento da velhice e da morte: os seres de reprodução assexuada não morrem. Nesse tipo de reprodução, uma célula se divide em duas, cada uma delas com material genético idêntico, sucessivamente. Não há morte do ser, apenas multiplicação: um ser dará origem a outros dois, e o primeiro deixa de existir porque se "transformou" em dois. Nos seres sexuados, por sua vez, as células germinativas são responsáveis pela perpetuação da vida daquela espécie, mas incluem a morte do organismo individual que as porta.[1]

Acossado por esse enigma estupendo, Sándor Ferenczi, discípulo dileto de Freud, escreveu um ensaio, intitulado *Thalassa*, sobre a origem e a função da reprodução sexuada, no qual supôs miticamente que o ato sexual "visa realizar a satisfação

28 *Transexualidade*

simultânea do soma e do germe".[2] A satisfação trazida pelo orgasmo corresponderia à "genitalização explosiva do organismo todo, à identificação total do organismo com o órgão de execução sob o efeito da fricção".[3] Portanto, o sentimento thalássico corresponderia ao desejo de retornar à vida intrauterina como pulsão fundamental de todo coito. Tal ensaio, considerado um romance de ficção bioanalítica – neologismo criado por Ferenczi para designar uma nova ciência, situada na confluência entre filogênese e psicanálise –, permite que se entenda o quanto o caráter enigmático da sexualidade pode levar à construção das mais ousadas hipóteses.

Uma nova concepção da sexualidade

Embora o nome de Freud tenha muito rapidamente sido associado à ideia de sexo, poucas vezes o sentido que ele atribui à sexualidade é resgatado de maneira correta. A concepção de sexualidade que Freud introduziu é inteiramente nova e não pode de forma alguma ser confundida com as noções que o senso comum, muitas vezes camuflado sob uma máscara de pseudocientificidade, lhe atribui. De fato, a noção de sexualidade em Freud só possui um valor particular se referenciada aos seus postulados fundamentais sobre o recalque e o inconsciente.

Se Freud parte da observação de que os sintomas neuróticos apresentam um sentido que, à análise, se revela de caráter sexual, é na medida em que a sexualidade no neurótico se

Sexo e gênero 29

acha perpassada de modo latente por aqueles mesmos elementos que surgem de modo manifesto na sexualidade perversa (da qual o fetichismo e o masoquismo constituem para ele os exemplos *princeps*). Voltando-se para as formas da sexualidade perversa, Freud se deu conta muito cedo de que aquilo que era condenado socialmente como desvio, ou até mesmo degeneração sexual, encontra expressão mais corriqueira em todos os indivíduos considerados normais. Tal fato se demonstra pela constatação feita pela psicanálise da *universalidade* das chamadas perversões sexuais, e deve-se a uma disposição inata comum a toda a humanidade.*

Freud constata que, contrariamente às outras espécies animais, os seres humanos não apresentam ao nascimento uma indicação demarcada quanto à procura de um parceiro sexual. Se tal afirmação pode de início parecer aberrante, ela se demonstra facilmente pela inexistência, nos seres humanos, de uma relação da sexualidade com os ciclos biológicos que recortam as épocas de reprodução da espécie. Não havendo para os humanos os períodos de cio, sua sexualidade se revela de saída desvinculada dos fins específicos de reprodução da espécie. A ação dos ciclos periódicos da natureza acha-se assim subvertida, e a sexualidade se encontra nos seres humanos sob

---

* Freud constrói a teoria do recalque orgânico, que permite estabelecer as bases para se conceber a passagem do funcionamento instintual animal para o funcionamento pulsional humano. Cf. Marco Antonio Coutinho Jorge, *Fundamentos da psicanálise de Freud a Lacan*, vol.1, subcapítulo "'A anatomia é o destino': o recalque orgânico e a perda originária do objeto".

a ação preeminente da *linguagem*, adquirindo desse modo uma abrangência tão absoluta quanto poderosa sobre suas vidas.

Para os seres falantes, a sexualidade não é sinônimo de genitalidade: ela não se restringe ao ato sexual enquanto conjunção dos órgãos genitais, mas se revela em outras atividades aparentemente desprovidas de um cunho sexual: o olhar, a leitura, esportes, as funções fisiológicas de excreção, a respiração, para dar alguns exemplos, são todas atividades que contêm elementos de satisfação propriamente sexual. Além das pulsões de apoderamento e de dominação associadas ao aparelho muscular, cada orifício corporal mantém uma ligação estreita com o princípio de prazer que rege as pulsões mais variadas: oral, anal, genital, escópica, invocante, olfativa.

Se Freud isola nas práticas sexuais chamadas de perversas os mesmos elementos que compõem a sexualidade considerada normal, é na medida em que em todas elas se acham os resíduos da ação remanescente da sexualidade infantil, na qual ele observou uma disposição perversa polimorfa originária. Um dos polos que mais geram resistência à teoria freudiana da sexualidade é precisamente sua concepção de uma sexualidade plural, exuberante, desconcertante e, além disso, essencialmente calcada nas vivências primevas da infância.

É por meio dessas constatações que Freud dá à força que rege os impulsos sexuais no ser humano o nome não de instinto, mas de *pulsão*. O instinto, cujo funcionamento supõe um objeto sexual previamente definido, é regido por ciclos biológicos preestabelecidos, enquanto a pulsão é regida pela

Sexo e gênero 31

ação contínua da linguagem. A pulsão, diz ele, é uma força constante, uma "medida da exigência feita à mente no sentido de trabalhar em consequência de sua ligação com o corpo".[4] Esta será a responsável pelas chamadas fases de desenvolvimento da libido* – oral, anal e fálica –, conforme o predomínio de sua ação incidir mais sobre esta ou aquela zona erógena nas diversas etapas da existência inicial da criança. Se as bordas orificiais do corpo se revelam de início verdadeiros polos de imantação erógena aos quais são associadas não só a necessidade de satisfação fisiológica como a obtenção de prazer, não obstante qualquer região do corpo se revela igualmente passível de ser erogeneizada.

É a partir do Outro – lugar da palavra, como detalhou Lacan – que a criança obterá meios para constituir sua sexualidade. Se ela não possui a designação sexual previamente delimitada (conforme Freud formulou através da constatação da inexistência da inscrição da diferença sexual no inconsciente), só poderá vir a obtê-la por intermédio da ação da linguagem sobre seu ser. É essa ação que produz um sujeito, enquanto efeito da linguagem e por isso mesmo a ela *sujeito* (como a polissemia do termo indica), através da "sabedoria maior da língua", expressão corriqueira no texto freudiano. Nessa medida, Freud pôde falar das teorias sexuais infantis, modo pelo qual a criança poderá

---

* Vale acrescentar que tais fases não devem ser entendidas como etapas a serem alcançadas partindo da "menos desenvolvida" para a "mais desenvolvida".

constituir uma fantasia sexual inconsciente que passará a mediar, por toda sua vida, seu encontro com aquilo que permanece inominável no sexo. Tal fantasia constitui precisamente o princípio de realidade para cada sujeito, o que acentua que a noção de *realidade* introduzida pela psicanálise é inteiramente nova, refere-se a uma realidade psíquica singular e remete ao momento mesmo de constituição do sujeito falante.

O corpo de que a psicanálise trata – o corpo pulsional – é, pois, diverso daquele abordado pela biologia, a fisiologia e a anatomia. Recortado pela linguagem – nomeada por Lacan como campo do simbólico –, o corpo pulsional é heterogêneo ao imaginário da anatomia corporal e – fato tão decisivo quanto espantoso – não está submetido exclusivamente a alguma lei natural. É assim que cabe à psicanálise, hoje, fazer a crítica de inúmeras práticas ditas de terapia corporal que, calcadas precisamente no ideal obscurantista de um retorno à natureza, desconhecem o fato de que o corpo, construído por meio da linguagem, só por esta é abordável, sendo partícipe de um real ao qual é impossível ter acesso.

Não existe relação sexual

A sexualidade, no seu *stricto sensu*, coloca em pauta questões relativas aos corpos sexuados e suas práticas sexuais, dentre elas a orientação sexual e a tão polêmica identidade de gênero, definida como a maneira pela qual o indivíduo se reconhece a

Sexo e gênero

partir dos gêneros feminino e masculino, incluindo toda forma de subversão à norma.*

Podemos localizar dois momentos em que Freud parafraseou Napoleão, para quem a geografia era o destino, dizendo que "a anatomia é o destino". Apesar de muitos estudiosos interpretarem sua assertiva de forma equívoca – vendo nela uma ascendência do determinismo biológico sobre o psíquico –, o que Freud indicou foi uma analogia com o corpo que permite compreender a superfície corporal como a fonte e o destino da satisfação pulsional.

A palavra "sexo" deriva do latim *seccare*, corte, secção. Sexo é o real imposto pelo corte e que se revela como impossível de ser simbolizado (definição básica do real para Lacan). Vejamos resumidamente o que significam esses termos introduzidos por Lacan na psicanálise e aos quais fazemos referência constantemente: real, simbólico e imaginário – ou R.S.I. –, que constituem três registros psíquicos heterogêneos, mas que se articulam para cada sujeito de forma singular.

O simbólico é a linguagem, o que determina a constituição de cada sujeito falante no interior de uma língua, uma família,

---

* Nos casos mais extremos temos os agêneros – pessoas que não se reconhecem numa identidade categorizada como homem ou mulher ou que assumem não ter identidade de gênero – e os *genderfuckers*, pessoas que, intencionalmente, tentam expressar-se de forma subversiva e imprecisa em relação aos modelos de gênero tradicionais. A oposição transgressora radical à qual se propõem é caracterizada pela presença simultânea, e muitas vezes exagerada, de elementos de ambos os gêneros.

uma cultura e uma época; o simbólico é também o inconsciente, essa ampla e complexa rede de linguagem que orienta nossas ações de modo cabal e que preexiste e sucede a vida humana. O imaginário é tudo o que se relaciona com a imagem do corpo e com o Eu, instância psíquica que se constitui desde muito cedo através da relação entre o sujeito e seu corpo (nomeada por Freud de narcisismo e ilustrada por Lacan com a teoria do estádio do espelho). E o real é aquilo que escapa tanto às palavras quanto às imagens, é o que não tem nenhum sentido, e diz respeito à dimensão das pulsões e à intensidade inerente à sexualidade – ao prazer e ao gozo.

Essa estrutura R.S.I. pode ser facilmente exemplificada: uma maçã cortada ao meio nos permite saber que algum objeto cortante atingiu aquele corpo; mas *o corte* como tal, só temos notícia dele pelas duas metades produzidas.[5] O corte como operação só pode ser indicado pelos seus efeitos, mas a tentativa de suturar as duas metades para reconstruir a unidade será incapaz de anular o corte. Assim, podemos dizer que o corte é o real; o imaginário é cada uma das duas partes que percebemos isoladamente; e o simbólico é a tentativa de articular as metades separadas. O real tem a ver essencialmente com a falta de instinto na espécie humana, e sua substituição pela pulsão dá-se pelo agenciamento da rede de fantasias inconscientes constituída pelo simbólico (linguagem) e o imaginário (imagens). Explica Lacan: "A relação sexual, ela não existe. Ela não existe propriamente falando, quero dizer, no sentido em que alguma coisa fizesse com que um homem reconhecesse forçosamente uma mulher."[6]

Sexo e gênero 35

A grande subversão da psicanálise, que escandalizou Viena no início do século XX, foi o fato de Freud basear toda compreensão da atividade sexual humana na descoberta da sexualidade infantil. Ele mostrou que as teorias sexuais criadas pelas crianças são uma forma de tentar explicar a diferença sexual verificada visualmente no corpo, mas sobre a qual não há nenhum registro no aparelho psíquico. A criança, que supõe que não deveria haver qualquer diferença entre os corpos de meninos/homens e meninas/mulheres, ao percebê-la depara-se com a impossibilidade de articulá-la na linguagem. Isso gera uma angústia com a qual o sujeito terá que lidar ao longo da vida.

Para tratar dos dois sexos (homem e mulher), tendemos a polarizar categorias por oposição. Somos facilmente capturados pelo imaginário, que amortece o efeito do corte (as duas partes) fixando-se na consistência das imagens. O ato que chamamos de sexual, o encontro dos genitais em busca de satisfação, é narrado e encenado pela fantasia, nossa verdadeira parceira no ato sexual: o sujeito só goza com o objeto pela via da fantasia. Lacan chegou a afirmar que a espécie humana teria desaparecido há muito tempo se não fosse a fantasia. Uma vez que o prazer proporcionado por ela é individual, o objetivo do casal apaixonado de "gozar junto" apenas revela a solidão inerente ao gozo sexual.

No *Banquete*, de Platão, ao proclamar seu discurso sobre o poder de Eros, e preocupado com a falta de religião que poderia conduzir à perda da unidade original que só o amor é capaz de restaurar, Aristófanes narra o célebre mito do *andrógino*.

No início do mundo, havia seres humanos que tinham formas arredondadas, quatro mãos, quatro pernas e duas faces opostas em apenas uma cabeça. Mas quanto ao sexo havia três tipos de seres: alguns tinham dois sexos masculinos; outros, dois sexos femininos; outros ainda tinham um sexo masculino e outro feminino, portanto eram andróginos. Por causa de sua forma física e coragem, os seres humanos resolveram escalar o céu e atacar os deuses. Como forma de domesticá-los, os deuses cortaram-nos em duas partes, deixando-os mais fracos e mais úteis. Quando Zeus operou o corte sobre eles, as duas metades passaram a se procurar.

O mito de Aristófanes tem o mérito de apresentar todos os arranjos possíveis de escolha de objeto para ambos os sexos: homens que amam mulheres, mulheres que amam homens, mulheres que amam mulheres e homens que amam homens. Freud fez referência a esse mito poderoso mais de uma vez em sua obra, e foi mais além ao dissecar sua estrutura e discernir dois polos distintos na sexualidade: o da identificação e o do desejo, que, contrariamente ao que pensa a imensa maioria das pessoas, não se confundem nem se complementam; não há nenhuma vinculação natural entre masculinidade/feminilidade e heterossexualidade/homossexualidade. Freud descreveu com detalhes a total ausência de conexão entre escolha de objeto e identificação sexual:

Um homem com características predominantemente masculinas e também masculino em sua vida erótica pode ainda ser invertido

Sexo e gênero

com respeito ao seu objeto, amando apenas homens, em vez de mulheres. Um homem em cujo caráter os atributos femininos obviamente predominam, que possa, na verdade, comportar-se no amor como uma mulher, dele se poderia esperar, com essa atitude feminina, que escolhesse um homem como objeto amoroso; não obstante, pode ser heterossexual e não mostrar, com respeito a seu objeto, mais inversão do que um homem médio normal. O mesmo procede quanto às mulheres; também aqui o caráter sexual mental e a escolha de objeto não coincidem necessariamente. O mistério do homossexualismo, portanto, não é de maneira alguma tão simples quanto comumente se retrata nas exposições populares: "uma mente feminina, fadada assim a amar um homem, mas infelizmente ligada a um corpo masculino; uma mente masculina, irresistivelmente atraída pelas mulheres, mas, ai dela, aprisionada em um corpo feminino".[7]

O elemento primordial que Freud ressalta aqui é que o senso comum não consegue distinguir entre escolha de objeto e identidade sexual.

Bissexualidade

Assim como Aristófanes em seu mito magistral situa a origem da heterossexualidade na androginia de seres míticos, bissexuais por excelência, a teoria da pulsão em Freud – com seu objeto inespecífico e sua meta de obtenção de gozo – tem estreita relação com o conceito de bissexualidade, presente em sua obra do início ao fim. A atividade sexual nos seres humanos, regida pelo princípio de prazer, não é orientada pela finalidade biológica da reprodução, fator exclusivo que regula as trocas sexuais entre os animais; a atividade sexual nos seres humanos subverte a finalidade da natureza, em busca de satisfação. Como o objeto da pulsão é variável e indiferente,[8] a bissexualidade é estrutural e universal.

Assim, para Freud, a bissexualidade designa a aptidão de todo sujeito para investir libidinalmente (a libido é a força da pulsão) em objetos de ambos os sexos (nomeados como homem e mulher). Todas as pessoas apresentam investimentos libidinais homo e heterossexuais, tanto latentes quanto manifestos, em proporções diversas construídas de forma singular ao longo da história de cada um, podendo inclusive, em alguns casos, se harmonizarem numa autêntica bissexualidade manifesta. Como o próprio Freud aponta com agudeza, "a libido de todos nós oscila normalmente, ao longo da vida, entre o objeto masculino e o feminino; o jovem abandona seus amigos quando se casa e retorna à mesa do bar quando sua vida conjugal se tornou insípida".[9]

O estudo da história do conceito de bissexualidade na psicanálise traz muitas surpresas.[10] Freud atribuía uma dimensão puramente psíquica à bissexualidade: "Aprendemos que todos os seres humanos são bissexuais nesse sentido: que distribuem sua libido, de maneira manifesta ou latente, entre objetos de ambos os sexos."[11] Wilhelm Fliess, com quem Freud dialogou

Sexo e gênero

durante muitos anos sobre esse tema, por sua vez considerava a bissexualidade um atributo de todos os seres vivos, isto é, ele a estendia ao campo da biologia geral. Freud chamou atenção de modo veemente para a diferença entre suas ideias e as de Fliess, que acreditava que um indivíduo do sexo masculino recalcava o seu "lado feminino" e vice-versa: "Desautorizo sexualizar o recalque dessa maneira, vale dizer, fundá-lo no biológico, em vez de fazê-lo em termos puramente psicológicos."[12]

Mas o conceito de bissexualidade teve no interior do campo psicanalítico um destino inteiramente desviante das premissas freudianas básicas. Em 1940, apenas um ano após a morte de Freud – como já diz o ditado, os ratos aparecem na ausência dos donos da casa –, Sandor Rado, psicanalista húngaro emigrado para os Estados Unidos, escreveu um artigo no qual pretendeu derrogar a teoria freudiana da bissexualidade através de uma argumentação que, equivocadamente, atribuía a Freud a noção de bissexualidade biológica: "A vaga noção de bissexualidade biológica e a maneira incrivelmente desleixada pela qual foi empregada na psicanálise tiveram consequências deploráveis. ... Faz-se urgente suplantar o conceito enganador de bissexualidade por uma teoria psicológica baseada em fundamentos biológicos mais firmes."[13] Ou seja, em sua argumentação falaciosa, Rado primeiro deslocou a razão psicanalítica para o campo da biologia – bastando, para isso, afirmar que a bissexualidade em Freud era uma categoria biológica obsoleta – para, em seguida, opor uma nova e "correta" concepção biológica! Qual? Uma concepção que se apoia em "bem-fundamentadas posições no campo da psicopatologia genital" e considera a homossexualidade um "comportamento sexual doentio".[14]

Muitos autores norte-americanos influentes, como Irving Bieber e Charles Socarides, seguiram as teses de Rado, preconizando e teorizando a patologização da homossexualidade. Bieber, por exemplo, afirmou: "Assumimos que a heterossexualidade é a norma biológica e que, a menos que se interfira nela, todos os indivíduos são heterossexuais"![15] Ora, abolir a noção freudiana de bissexualidade serve diretamente a esse propósito, numa retaliação evidente ao fato de que a teoria da bissexualidade servia a Freud para *des*patologizar a homossexualidade.

O que chama de fato atenção é que os teóricos da patologização se apoiam numa pretensa "norma biológica" que eles mesmos não definem, exceto por parâmetros morais. Freud, ao contrário, desde sua obra inaugural sobre a sexualidade humana – *Três ensaios sobre a teoria da sexualidade* (1905) – fez questão de mostrar que não há norma sexual. A perversão polimorfa da criança é a base de toda a sexualidade do adulto, e a normalidade não existe a não ser se concebida como a resultante, em cada sujeito, das diferentes forças que compõem a constelação pulsional. Portanto, uma das grandes contribuições de Freud foi dissociar radicalmente o *sexual* do *genital*. A bissexualidade tem também profunda relação com a travessia edípica, pois cada criança elege sempre dois objetos amorosos: toma quem ocupa a função de mãe como objeto e se coloca como objeto para quem ocupa a função de pai.

Dos sexos aos gêneros

A curiosidade sobre a origem dos bebês e sobre a diferença sexual anatômica está presente em todas as crianças e foi demonstrada por Freud em trabalhos que se tornaram clássicos.[16] Para a psicanálise, na medida em que falta instinto em nossa espécie, a sexualidade de cada sujeito é construída de forma absolutamente singular e determinada por processos inconscientes. A curiosidade, seja a respeito do que for, está sempre relacionada à sexualidade e à tentativa de saber sobre o sexo. Apreendê-lo através de explicações traz apaziguamento, mas usá-las como escudo pode representar uma defesa enérgica contra as pulsões sexuais, e as consequências violentas disso são observadas nas agressões que aparecem na vida cotidiana.

A diferença anatômica dos sexos, o prazer sexual, os enigmas do corpo feminino e suas manifestações aguçam o conhecimento há milhares de anos. Thomas Laqueur repertoriou as diferentes articulações entre sexo e gênero ao longo da história e mostrou que o sexo como o conhecemos hoje foi inventado no século XVIII.[17]

De forma original, ele mapeou a maneira pela qual as concepções sobre a diferença sexual anatômica evoluíram, mostrando que desde Galeno (século II) até o século XVIII o modelo do sexo único – isomorfismo – prevaleceu em todas as abordagens: homem e mulher eram considerados como um único sexo, sendo a mulher um homem invertido.

Baseado nas dissecações de Herófilo, anatomista de Alexandria no século III a.C., Galeno foi o primeiro a afirmar que, em termos anatômicos, as mulheres eram essencialmente homens cujos órgãos – por uma falta de calor vital, vista como imperfeição – não se exteriorizavam: o útero era o escroto invertido, voltado para dentro; os ovários, o inverso dos testículos; a vagina, o inverso do pênis. A mulher era, então, um ser inferior. Ao final do século XVIII, ela deixou de ser comparada ao homem, a partir do reconhecimento por médicos e naturalistas da diferença entre os corpos. No século seguinte, essa diferença passou a ser verificada microscopicamente, com a fisiologia celular.

Se até o século XVIII o sexo era uma categoria sociológica, e não ontológica, a visão que passou a dominar a partir de então foi a da existência de dois sexos opostos e estáveis, o que levava a crer que os papéis exercidos por homens e mulheres na sociedade estavam predeterminados pelo sexo biológico e constituíam as bases da ordem social. Mas, como ressaltou a bióloga norte-americana Anne Fausto-Sterling, que também se dedica aos estudos de gênero, qualquer tipo de regulação entre sexo e gênero é suspeita ou ambígua.*

Em termos linguísticos, gênero é uma categoria arbitrária e seu vínculo com o sexo é estabelecido segundo cada língua e seu léxico; a partir da antropologia, o gênero passou a ser utilizado para designar papéis sociais ligados ao sexo. O sexo

---

* Seu artigo "The five sexes" tornou-a célebre, ao mostrar que também na biologia os sexos não podem ser reduzidos a apenas dois.

Sexo e gênero

de nascimento da criança designa um estado biológico sob a forma de homem ou mulher constituído por características físicas, sejam elas cromossomiais, hormonais ou anatômicas (internas ou externas). O gênero é uma construção cultural que costuma ser diretamente relacionada ao sexo e designa papéis, comportamentos, atividades e características considerados pela sociedade como apropriados aos meninos/homens e às meninas/mulheres. Assim, o sexo é da ordem do real do corpo, da anatomia e da biologia; o gênero é da ordem do simbólico e do imaginário, isto é, da ordem do sentido que a cultura na qual as pessoas vivem atribui ao que considera como masculino e feminino.

Como na biologia os sexos são definidos precisamente pela função que cada um deles ocupa na reprodução – nos mamíferos, o macho fecunda a fêmea, que gesta a descendência –, vê-se o quanto Freud foi longe ao discernir muito cedo, por meio do conceito de pulsão sexual, a sexualidade humana da atividade sexual animal. Se nos animais o instinto sexual os leva a copular para cumprir as leis biológicas da reprodução da espécie, a atividade sexual do ser humano busca o prazer nas relações sexuais.

As funções biológicas da reprodução humana são curto-circuitadas por uma finalidade heterogênea a elas, o que dá à sexualidade dessa espécie uma riqueza única, com todos os orifícios corporais participando ativamente, em maior ou menor grau, na busca de prazer sensual. Para dar um exemplo simples: o íntimo contato entre duas mucosas orais, produzido no ato de beijar, não realiza nenhuma função associada à re-

44 *Transexualidade*

produção, mas pode ser fortemente valorizado como elemento erótico na atividade sexual humana.

É precisamente esse fator erótico, que se traduz não só pela busca de prazer como também pela sedução inerente aos jogos sexuais, que marca a sexualidade humana e produz sua incomparável diversidade. As três dimensões essenciais nas quais esse erotismo se enraíza e se prolifera – amor, desejo e gozo – produzem inúmeras e singulares possibilidades de escolha de objeto e de identidade de gênero. Assim, desde sempre a distinção entre sexo e gênero esteve claramente estabelecida para a psicanálise, embora ela não valorize essa distinção no sentido de uma taxonomia – como a que hoje vemos no Facebook, contendo 56 tipos diferentes de autodesignação de gênero. Para a psicanálise, cada sexualidade é singular e se constrói segundo processos inconscientes cuja complexidade não pode ser reduzida a uma nomenclatura qualquer, nem mesmo com todas as opções observadas hoje: agênero, fluido, cis, trans, pangênero, nenhum, em fase de interrogação de gênero etc.*

Henry Frignet, psicanalista francês que se dedicou ao estudo da transexualidade,** falou sobre o apagamento do sexo em

---

* Acreditamos que essa busca por autodenominação repercute um elemento essencial do psiquismo humano, que abordaremos em outra obra, a ser publicada em breve, sobre a histeria.
** O autor utilizou o termo "transexualismo" em sua obra. O termo "transexualidade" não existia então, assim como o movimento a favor da despatologização das identidades trans.

Sexo e gênero   45

detrimento da fabricação do gênero: o surgimento da transexualidade como fenômeno social teria se dado a partir da dissonância entre o sexo e algo ainda sem denominação na época. Nesse sentido, Harry Benjamin – endocrinologista americano a quem é atribuída a criação do termo "transexualismo" em 1953 – propôs desmembrar a construção do sexo em vários elementos, incluindo o psicológico e o social.

O termo "gênero" foi amplamente divulgado a partir dos trabalhos do psicanalista californiano Robert Stoller, como veremos no próximo capítulo. Mas foi o psicólogo especializado em sexologia John Money, do Hospital Johns Hopkins, de Baltimore, nos Estados Unidos, que, visando retirar a homossexualidade do âmbito da patologia, importou-o para a psicologia, em meados da década de 1950, no debate entre natureza e cultura. Sua tentativa de radicalizar a independência do social em relação ao biológico obteve êxito na comunidade médica e psiquiátrica norte-americana, sustentando que o gênero é determinante em relação ao sexo. Essa noção de que não haveria comportamentos típicos do homem ou da mulher germinou e cresceu no feminismo americano.

Em 1972, a socióloga Ann Oakley utilizou o termo "gênero" em sentido diferente de "sexo", em sua obra *Sex, Gender and Society*. Três anos depois, a antropóloga Gayle Rubin ponderou que "o gênero é uma divisão socialmente imposta dos sexos. Ele é um produto das relações sociais da sexualidade."[18] Ela considerou que, se as imposições sociais não existissem, continuaríamos a ser machos e fêmeas, mas não homens e mulheres. E acrescentou ainda que os papéis tradicionais de gêneros, uma vez que são socialmente construídos, podem ser igualmente desconstruídos, levando à possibilidade de se eliminar os papéis sexuais obrigatórios e criar uma sociedade andrógina e sem gênero, mas não sem sexo, na qual a anatomia de um indivíduo não teria nenhuma incidência sobre o que ele é, o que ele faz e a pessoa com a qual ele tem relações sexuais. Em 1978, tendo por referência os trabalhos de Robert Stoller, as professoras de psicologia Suzanne J. Kessler e Wendy McKenna publicaram *Gender: An Ethnomethodological Approach*, em que afirmaram: "O gênero é uma construção social e o mundo de dois sexos é o resultado de métodos socialmente partilhados e admitidos que os indivíduos utilizam para construir a realidade." Na década de 1990, foi a filósofa feminista Judith Butler quem retomou a tese de que o gênero não é resultado do sexo e elaborou uma teoria da performatividade, segundo a qual homem e mulher são da ordem do fazer, e não do ser.

Dessa forma, a antropologia se apropriou de noções derivadas da ideia de gênero (identidade de gênero, papéis de gênero, expressões de gênero) para atenuar a polarização radical provocada pela bipartição anatômica e biológica (macho e fêmea), sobrepondo-as à noção de sexo.

A DISCUSSÃO SOBRE a transexualidade que desenvolveremos a seguir coloca em pauta duas categorias distintas – sexo e gê-

Sexo e gênero 47

nero – que acabam se equivalendo em função da sobreposição do gênero em relação ao sexo; ou da "fabricação do gênero e o apagamento do sexo", como precisou Henry Frignet. Enquanto o sexo refere-se à biologia e à anatomia corporal, o gênero designa um papel *social* ligado ao sexo e que faz o gênero masculino corresponder ao macho e o gênero feminino corresponder à fêmea. Dessa forma, o gênero é uma construção cultural artificial baseada, dentre outros elementos, em papéis e formas de expressão estabelecidos em cada cultura e a cada época.

Se a noção de gênero teve o mérito de evidenciar a dissociação do cultural em relação ao biológico – em termos médicos, do adquirido em relação ao inato –, na definição da transexualidade ela se sobrepôs à noção de sexo de tal forma que o desacordo entre eles, entre sexo e gênero, assumiu uma proporção extrema. Compreende-se que, no caso do/da transexual, a acentuada desarmonia entre o sexo e o gênero ocasione um sofrimento insuportável, oriundo da força coercitiva do gênero sobre o sexo, sofrimento que o/a impele a demandar à medicina a intervenção no real do corpo. Mas a ciência, ao desconsiderar que a expressão máxima da subjetividade é o conflito psíquico que necessariamente subjaz à questão transexual, responde de modo raso a essa demanda e aciona com excessiva prontidão sua parafernália tecnológica para atendê-la. Em nosso entendimento, é necessário suspender as soluções abruptas que o discurso da ciência fornece, as quais paralisam a possibilidade de elaboração do conflito que o sujeito precisa fazer antes de deliberar sobre as escolhas mais importantes de sua vida. Um acompanhamento psicanalítico talvez seja o único capaz de permitir que essa elaboração ocorra e o sujeito assuma plenamente sua potência deliberativa.

3. A questão transexual

EMBORA A PSICANÁLISE não trabalhe com a ideia de gênero, ela não pode se alhear ao cenário que começou a se esboçar a partir de 1952, ano da primeira intervenção hormônio-cirúrgica de transexualização, considerada "bem-sucedida": a de Christine Jorgensen, antes George William Jorgensen Jr.

O trânsito entre as insígnias masculinas e femininas, contudo, não é exclusividade da transexualidade, é claro. A literatura sobre o assunto indica que essa circulação é antiga, imprecisa e fluida. Vejamos, então, um breve apanhado dos antecedentes da questão transexual.

Da doença dos citas...

Ao longo da história da medicina, encontramos referências sobre a transição entre os sexos a partir de Hipócrates e Heródoto (séc. V a.C.), que narram a história dos citas, povo nômade que originalmente migrou da Ásia central para a Rússia meridional nos séculos VIII e VII a.C. A "doença dos citas", também mencionada pelo psiquiatra francês Jean-Étienne Esquirol, é igualmente conhecida como "doença feminina". Os soldados de Cita que marcharam contra o Egito e ousaram saquear o templo de Afrodite foram castigados pela deusa, que lhes tirou a potência. Ao fracassar na relação com as mulheres, permaneciam, contudo, tranquilos; a reincidência desse fracasso levava-os a crer que haviam cometido alguma falta contra a divindade. Acreditava-se que a maldição se estendia através das gerações daqueles que haviam pecado contra Afrodite, restando-lhes o mesmo destino trágico. Atribuíam a si a falta de virilidade, passavam a executar trabalhos femininos, vestiam-se e falavam como mulheres. Chamados de *anarieus*, esses homens eram venerados pelos habitantes daquela região, que os reverenciavam com temor.

Os registros da psiquiatria indicam que a primeira descrição de um caso próximo à transexualidade foi feita justamente por Esquirol, que o classificou como *démonomanie* ("demoniomania"). Tratava-se de um homem que, convencido de ser uma mulher, assumia ares femininos na vestimenta e no semblante. Em seguida a esse caso *sui generis*, descreveu o de uma mulher que afirmava ser homem após perder sua fortuna por ocasião da morte de seu marido.[1]

Outra referência na construção da história da transexualidade é a obra *Psychopathia sexualis*, escrita pelo psiquiatra alemão Richard von Krafft-Ebing. Conhecido por ser um dos fundadores da sexologia,* ele elaborou uma escala de inversões sexuais,

---

* Além disso, é relevante que tenha sido ele quem desenvolveu, segundo Élisabeth Roudinesco, a noção de loucura histérica.

A questão transexual 51

chamadas de desordens psicossexuais. Nela, qualquer desvio da heterossexualidade representava uma forma de doença física ou mental que variava do "hermafroditismo sexual" à "metamorfose sexual paranoica". Segundo Krafft-Ebing, homens que amavam homens seriam como mulheres, e mulheres que amavam mulheres seriam como homens. Ele considerou duas categorias primárias de homossexualidade: adquirida e congênita, cada uma delas contendo elementos do sexo oposto.

Podemos observar aqui como as questões colocadas pela homossexualidade levaram desde sempre à confusão entre escolha de objeto sexual e identidade de gênero. Segundo Krafft-Ebing, a *homossexualidade adquirida* apresentava quatro estágios, que em última instância poderiam chegar até a *metamorfose sexual paranoica*, caracterizada pela ilusão de transformação sexual e considerada a patologia mais grave, porém pouco frequente. Ele chegou a mencionar a interessante relação da doença dos citas, de que já falamos, com a ilusão de transformação sexual, como uma manifestação supersticiosa de *eviração* em consequência da fúria divina.

Ser homem com ares de mulher ou mulher com ares de homem atravessou os séculos e as culturas. Pouco conhecidas no Ocidente, as *hijras*, que fazem parte da história da Índia e mesclam tradições hindus e muçulmanas, também apresentam como característica essencial hábitos, traços, sentimentos e comportamentos considerados pertencentes ao sexo oposto. Eram homens castrados e submetidos a imperadores mongóis islâmicos para cuidar de seus haréns. Na sociedade indiana são consideradas um terceiro sexo.* A maioria vive em clãs, com regras e costumes próprios, e ganha dinheiro concedendo bênção aos casamentos e às crianças recém-nascidas. Nos rituais para abençoar bebês, verificam a genitália da criança; se for ambígua, ou seja, se forem intersexuais,** são consideradas "hijras natas" e terão status diferenciado. A maioria das famílias entrega esses bebês às hijras para serem criados em suas tradições.

A música e a dança são outras formas de ganhar dinheiro, mas as castradas são mais valiosas por terem "sacrificado sua masculinidade". Acreditam que a castração é um renascimento e a única forma de preservar a comunidade. Em depoimento, uma delas diz: "O corpo é masculino, mas o coração e a alma não são. Há o desejo de ser como uma mulher e de ser amada como tal."[2] Na sociedade indiana, ser homem é uma bênção, mas a masculinidade é definida rigorosamente. Sendo assim, aqueles que não possuem todas as características indispensáveis para "ser homem", como os homossexuais, são considerados hijras. As hijras que não conseguem pertencer a nenhum

---

* É curioso que a mesma ideia de um terceiro sexo tenha surgido sob o termo *uranismo*, criado em 1864 pelo advogado alemão Karl Ulrich, o qual pode ser considerado o primeiro ativista gay da história no sentido contemporâneo do termo. O uranismo trazia em seu cerne a ideia de que o amor entre pessoas do mesmo sexo designaria o sentimento equivalente ao de ter uma alma presa num corpo com o sexo não correspondente àquele designado ao nascimento – um terceiro sexo, nem masculino nem feminino.
** "Intersexual" é a nova nomenclatura para os antigos hermafroditas, ou seja, indivíduos que apresentam órgãos reprodutores ambíguos.

A questão transexual 53

clã vão para a prostituição. São consideradas sem casta e excluídas da maior parte da vida social. Não é difícil ver semelhança entre o destino das hijras e aquele que é dado a muitas transexuais hoje.

Assim, o desejo de transicionar entre os semblantes do feminino e do masculino é bem antigo e varia de acordo com a cultura, mas a transexualidade enquanto desejo e até exigência de inscrever no corpo as insígnias femininas e masculinas através de cirurgias e hormonioterapia nasceu em um contexto muito específico, do avanço do discurso da ciência no mundo contemporâneo. Por isso, o psiquiatra e psicanalista Jean-Pierre Lebrun ponderou que a novidade hoje não reside na demanda de mudança de sexo do transexual, mas sim na possibilidade de responder a ela no real do corpo.[3] É precisamente esse aspecto que merece, a nosso ver, toda a atenção.

...à transexualidade

Henry Havelock Ellis, médico e escritor inglês, e Magnus Hirschfeld, médico e sexólogo alemão, foram os primeiros a se interessar pela exploração das patologias sexuais relacionadas ao que consideramos hoje como questões de gênero. Ambos descreveram um quadro sem caráter patológico, nomeado de *travestismo* por Hirschfeld e *eonismo* por Ellis. Na casuística por eles abordada, temos o registro do abade travesti François-Timoléon de Choisy, nascido em 1644, que desde pequeno foi criado e tratado como menina. Vestia roupas femininas, usava corselete para modelar seu corpo e dar forma ao busto feminino, além de se fazer chamar de *madame* e seduzir jovens moças.

Ellis é considerado o fundador da sexologia junto com Albert Moll e Krafft-Ebing. Desde cedo se dedicou ao estudo da sexualidade, e mais tarde da medicina; dizia que queria poupar as gerações futuras dos problemas que teve por ser homossexual na moralista sociedade vitoriana. Foi contemporâneo de Freud, com quem trocou cartas ao longo da vida.[*] Foi a história de Charles de Beaumont, cavaleiro d'Éon que serviu à corte de Luís XV e se vestia, conforme as circunstâncias, de homem ou de mulher, que levou Ellis a criar o termo "eonismo". Charles viveu como mulher durante 34 anos, tinha uma bela aparência feminina e foi objeto dos galanteios reais.

Hirschfeld, um dos primeiros colaboradores de Freud, criou em 1918 um importante instituto voltado para o estudo da sexualidade e foi um dos pioneiros da defesa dos direitos dos homossexuais, tendo sido cognominado pela imprensa norte-americana de "o Einstein do sexo".[4] Chamado por Hitler de "o homem mais perigoso da Alemanha", em 1933 teve seu instituto de pesquisa destruído e sua riquíssima coleção de documentos queimada publicamente.[5] Em sua obra *Die Transvestiten*, escrita em 1910, distinguiu o *travestismo* da homossexualidade e se opôs ao caráter patologizante da expressão "metamorfose

---

[*] Segundo Élisabeth Roudinesco, foi de Ellis que Freud adotou a noção de autoerotismo.

A *questão transexual* 55

sexual paranoica", de Krafft-Ebing. Foi reconhecidamente o primeiro autor a falar em *transexualismo psíquico*.

Debruçado sobre os casos que hoje conhecemos como *cross-dressers* – que incluem também aqueles que se vestem apenas com a roupa íntima do sexo oposto –, Hirschfeld desenvolveu a teoria dos intermediários. Partindo da dificuldade de se determinar as características absolutas do feminino e do masculino, incluindo tanto o ponto de vista psíquico quanto o físico, ele identificou uma escala que compreende o espectro entre o homem masculino e a mulher feminina, incluindo mulheres com características masculinas e homens com características femininas. (Ao visitar em 1920 o instituto de Hirschfeld, Harry Benjamin observou que as travestis raramente buscavam tratamento, mas ajudou a obter permissão do Departamento de Polícia de Berlim para que pudessem vestir-se como mulher e circular publicamente. Vale ressaltar que a prática do travestismo também pode ocorrer apenas como jogo erótico no espaço privado, revelado somente entre familiares.)

O médico generalista David O. Cauldwell cunhou em 1949 a expressão *psychophatia transexualis* – que antecedeu diretamente a criação do termo "transexualismo" –, baseado no artigo de mesmo nome publicado na revista *Sexology*. Cauldwell definiu com precisão a visão sobre o transexual: o desejo mórbido patológico de ser um indivíduo completo do sexo oposto. Esse desejo é tão forte que o indivíduo insiste em submeter-se à cirurgia que o transformaria – mesmo isso sendo impossível – numa mulher *completa*, ou ela num homem *perfeito*.[6] Na sua etiologia, residiriam um leve fator hereditário e um ambiente de desenvolvimento infantil desfavorável. A condição psicológica sendo de fato a doença, querer viver como alguém do sexo oposto seria consequência da ausência de saúde mental.

Em 1953, um ano após a intervenção em Christine Jorgensen, Harry Benjamin criou o conceito de transexualismo com a seguinte definição: homem ou mulher biologicamente normal (o diagnóstico é excluído no caso de intersexualidade), porém profundamente infeliz com o sexo – ou gênero – de nascimento, designado a partir da genitália. Benjamin propôs uma conduta médica diante da demanda transexual, que incluía tratamento hormonal e convívio social adequado ao sexo desejado e, em último caso, a intervenção cirúrgica.

Apesar de definido por um endocrinologista, o transexualismo migrou para o âmbito da psiquiatria em 1973. Hoje, está classificado no rol das doenças mentais e, embora considerado uma condição rara na população mundial, tem alcançado uma enorme visibilidade na mídia, brasileira e mundial. Há dois manuais médicos de diagnóstico, referências para a classificação das doenças psiquiátricas, nos quais a transexualidade é considerada uma patologia. Atualmente em sua quinta versão, o DSM (*Manual diagnóstico e estatístico de desordens mentais*, definido pela Associação Americana de Psiquiatria) descreve o quadro denominado disforia de gênero. Já o CID (*Código internacional de doenças*, definido pela Organização Mundial de Saúde), em sua décima edição, chama de transexualismo (F 64.0) o desejo de viver e ser aceito como pessoa do sexo

A questão transexual

oposto, geralmente acompanhado do sentimento de mal-estar ou inadaptação ao seu próprio sexo anatômico e da ânsia de submeter-se a uma intervenção cirúrgica ou a um tratamento hormonal a fim de tornar seu corpo tão conforme quanto possível ao sexo desejado.

Há uma enorme discussão acerca do termo "transexualismo" – dado que o sufixo -ismo acentua a condição de doença – e uma tendência crescente ao uso do termo "transexualidade", que conota a ideia de um modo de ser.* Já a nomenclatura "disforia de gênero" forneceu mais elementos para se considerar a diferença dos sexos como cultural, ressaltando a transexualidade como fenômeno social e não mais como uma síndrome específica ou patologia.

A transexualidade tem uma característica bastante peculiar que a leva a ser considerada um fenômeno social: é marcada pelo autodiagnóstico e a autoprescrição terapêutica, ou seja, o sujeito se autoidentifica numa determinada descrição – que viu surgir na mídia ou ouviu alguém falar – e se dirige ao médico pedindo a "correção" que lhe informaram ser cabível. Chama atenção nos diversos depoimentos que encontramos na clínica e na mídia a frequência com que as pessoas revelam que, ao ouvirem falar de transexualidade, entenderam o que sentiam e se identificaram com essa condição.

---

* A reivindicação do uso do termo "transexualidade" partiu dos movimentos sociais LGBTI+, na luta pela despatologização das chamadas "identidades trans".

Ainda que o dr. Google permita a todos fazerem autodiagnósticos e autoprescrições, a medicina preserva seu domínio de saber em relação à grande maioria das patologias. As pessoas transexuais costumam se insurgir contra as classificações diagnósticas "transexualismo" e "disforia de gênero", as quais consideram, com razão, patologizantes, pois a palavra "diagnóstico" (do grego *diagnostikós*, "capaz de discernir") tem sido sempre relacionada primordialmente ao discurso médico, ainda que não seja exclusividade dele. Contudo, para a psicanálise, o diagnóstico não pode nem deve ser considerado exclusivamente pela ótica médica de nomeação de patologias, visto que muitas vezes ele apresenta características de um verdadeiro sintoma social.*

A noção de sintoma, em psicanálise, reveste-se de uma significação particular e bastante ampla: tem a ver com uma forma de estar no mundo, um posicionamento subjetivo que implica tanto um sofrimento quanto um gozo. Logo, o sintoma não é aquilo que deve ser eliminado: ele é a expressão do desejo do sujeito e de tudo o que envolve esse desejo. O sintoma expressa a resultante de um conflito psíquico – intrínseco ao ser de linguagem – que alia, de modo inconsciente, uma proibição e uma demanda imperativa de satisfação, seja ela qual for. Assim, um percurso de análise visa um *savoir faire*, busca encontrar novas formas para o sujeito lidar com o sintoma, e não a extirpação deste.

---

* Como observam Doris Rinaldi e Virgínia Bustamante Bittencourt, a transexualidade pode ser considerada como um sintoma social na medida em que ultrapassa os limites de uma patologia individual e veicula um forte apelo de reconhecimento social.

A questão transexual

Transexual, transgênero, travesti

O apagamento da noção de sexo em detrimento da noção de gênero tem levado muitas pessoas a equiparar a transexualidade à transgeneridade – mas temos aí expressões distintas que se tangenciam. Transgênero é o termo utilizado para fazer referência às pessoas que, apesar do sexo de nascimento, não se reconhecem na identidade de gênero correspondente (menina/feminino e menino/masculino); no polo oposto, cisgêneros são as pessoas que apresentam conformidade entre o sexo de nascimento e a identidade de gênero a ele associada.*

Já transexual, dentre o variado leque de classificações que contempla as expressões de transgeneridade, é a única categoria que contém em sua descrição a exigência de intervenção corporal para adequar o sexo de origem à identidade de gênero: não basta o semblante, ou seja, não basta o *parecer* pertencer a um sexo, há uma requisição de *ser* de fato do outro sexo. De saída, deparamo-nos com um importante e comum impasse na nosologia,** principalmente a psiquiátrica: a ideia de que

---

* Os prefixos *trans* e *cis* são oriundos do latim e indicam, respectivamente, "através de" e "próximo".

** A nosologia é o estudo das doenças que visa a classificação. Os quadros clínicos descritos são compostos por sinais – não somente os visíveis, como a inflamação e seus quatro sinais cardiais (dor, calor, rubor e tumor), como também os passíveis de verificação e mensuração (febre, hipertensão arterial, índices hematológicos etc.) – e sintomas, impossíveis de apreensão a não ser quando presentificados no discurso do paciente: todos os tipos de dor, angústia etc.

toda e qualquer experiência física vivida pelo sujeito passa pela subjetivação, esteja ele acometido ou não por uma patologia,* introduz a dimensão simbólica e singular – a linguagem – daquilo que é experimentado no corpo. A anatomia só pode ser destino porque está atravessada pela palavra. Dessa forma, o que encontramos no discurso dos sujeitos – sejam eles transexuais[7] ou não – extrapola os limites da definição nosográfica e causa perplexidade quando tentamos compreendê-los referidos a alguma categoria, revelando que o que está definido pelos limites da ciência é caduco, impreciso, objetificante, opaco e jamais corresponde à singularidade da verdade subjetiva.

Não à toa, o limiar entre transexuais e travestis mostra-se cada vez mais fluido. Apesar de, segundo o DSM-V, o travestismo não estar relacionado ao gênero, mas ao desejo de vestir-se com roupas do sexo oposto e sem caráter contínuo, na cultura, a travestilidade revela que muitas travestis mantêm a aparência feminina de forma contínua, fazem uso de hormônios ou recorrem à colocação de próteses de silicone para arredondar suas formas, ou seja, produzem alterações corporais definitivas. Mas isso não é o que está previsto na definição da transexualidade? Se aqui já perdemos as duas pontas do fio que separaria travestis de transexuais,

---

* A palavra "patologia" tem origem grega e pode ser entendida tanto como o estudo das doenças quanto como o estudo das paixões (*pathos*) ou do excesso. A psicopatologia é uma de suas derivações que, traduzida ao pé da letra, pode ser definida como "a busca de sentido (logia) daquilo que causa espanto (pathos) à alma (psico)". Cf. Denise Maurano, *Para que serve a psicanálise?*, p.15.

A questão transexual 61

vamos então embolar mais ainda esse novelo: se travestis desejam manter seus órgãos genitais intactos e transexuais desejam fazer a cirurgia de redesignação sexual alterando a genitália, por que encontramos hoje mulheres transexuais dizendo que desejam preservar seus órgãos sexuais masculinos? Decerto encontraríamos respostas extremamente distintas para essa mesma pergunta, podendo variar desde a preocupação com a manutenção do prazer na região genital até a exclamação "Meu sexo não está entre minhas pernas, mas entre minhas orelhas!". Como salientou Jean-Pierre Lebrun, se hoje há pessoas que se apresentam como transexuais sem, contudo, desejarem ser operadas, é porque na base da demanda de mudança de sexo vigora um pedido de reconhecimento simbólico.[8] Buscando estabelecer uma distinção mais apurada analiticamente, o psiquiatra e psicanalista Marcel Czermak, por sua vez, notou que, se nem todos os transexuais demandam a transgenitalização, todos demandam uma transformação do aspecto corporal, para possuir a aparência de uma bela mulher.[9]

O fato é que o discurso nunca será, como se diz em inglês, *by the book*, conforme ao que é ensinado nos livros, pois o discurso sempre borra qualquer pretenso limite categórico. Como gostava de repetir a seus alunos Jean-Martin Charcot, célebre neurologista francês com quem Freud estagiou: "A teoria está muito bem, mas isso não impede que os fatos existam." Charcot se referia à clínica da histeria, mas evidentemente sua *boutade* pode ser aplicada a qualquer condição que traga à baila a posição singular do sujeito e sua capacidade de deliberação.

O empuxo à cirurgia

Em 1971, foi criada em Baltimore a Clínica de Identidade de Gênero do Hospital Johns Hopkins, que se tornou um serviço de referência para outros centros de tratamento da transexualidade. Paralelamente, surgiram as clínicas de identidade de gênero que propunham mensurar a "masculinidade" e a "feminilidade" com uma bateria de testes construídos a partir de critérios culturais, verificando se o transexual era elegível ao assim chamado "processo transexualizador". Havendo indicação da cirurgia, ele era submetido à terapia comportamental adequada ao sexo autoidentificado.

O que chama nossa atenção no cenário atual é o empuxo à cirurgia e ao uso de hormônios, inerente a essa necessidade de adequação do corpo ao gênero, que impõe intervenções irreversíveis no real do corpo. A precipitação nessa direção, legitimada sem questionamentos maiores tanto por parte do discurso médico quanto por parte da cultura contemporânea em geral, já fora apontada há tempos.[10] Seria um passo a mais na tentativa de higienização dos corpos (visando eliminar qualquer dissonância entre sexo e gênero), como foi feito com marginais e loucos, ou a total objetificação dos corpos com a anulação da subjetividade? Em qualquer dos casos, vemos um claro repúdio à diferença – marca singular do que nos presentifica no mundo como sujeitos, constitutiva do mistério dos corpos falantes.[11]

A possibilidade de adequar o corpo ao gênero só se concretizou através dos avanços técnico-científicos nas áreas da endocrinologia (fabricação de hormônios sexuais) e da cirurgia plástica reparadora. Vale ressaltar que, no fim do século XIX e início do século XX, os Estados Unidos da América tornavam-se a maior potência industrial mundial e viviam a era do sistema de produção em massa conhecido como fordismo. A primeira metade do século foi marcada pela era de ouro hollywoodiana, a popularização do *American way of life* e por Marilyn Monroe despontando como a maior *sex symbol* de todos os tempos. Ocorreu ali o contexto ideal para uma produção em série de corpos, buscando a harmonia entre sexo e gênero ou o que é considerado pelos transexuais como a inteligibilidade do seu gênero.*

As primeiras experiências de intervenção cirúrgica, e ainda sem uso de hormônios, de que se tem notícia ocorreram em 1931, com Lili Elbe** (que ficou mundialmente conhecida com o filme *A garota dinamarquesa*), e despertaram a atenção da imprensa norte-americana. Nas décadas seguintes vieram outras experiências na Europa, inclusive aquelas realizadas por médicos nazistas durante a Segunda Guerra Mundial.

---

* Na linguagem dos transexuais vigora um termo curioso para designar que determinado indivíduo "se passa" facilmente pelo sexo oposto, sem causar dúvidas: é a *passabilidade*. Diz-se que alguém tem passabilidade quando atingiu uma correspondência tal com o sexo oposto que pode passar despercebidamente como cisgênero, ou seja, alguém em inteira conformidade entre sexo e gênero.

** Lili Elbe não pode ser considerada transexual porque era intersexual – atual designação para a extinta categoria hermafrodita, ou seja, pessoas que apresentam ambiguidade do aparelho reprodutor. Sua condição foi explicitada no diário publicado após a sua morte. Cf. Niels Hoyer, *Lili: A Portrait of the First Sex Change*.

O célebre caso de Christine Jorgensen, em 1952, teve um contexto bem específico, pois além de a intervenção hormônio-cirúrgica ter sido considerada bem-sucedida por não ter levado a paciente a óbito, como ocorreu com a garota dinamarquesa, a sociedade foi invadida pela notícia, difundida na mídia e especialmente pela televisão, que chegava aos lares brasileiros e portugueses naquele momento. A enorme repercussão mundial durou meses e desempenhou um papel motor na expansão do chamado "transexualismo", levando a um crescente número de pedidos* de "conversão sexual",** cuja descrição correspondia exatamente ao que era veiculado na mídia sobre o caso de Christine Jorgensen. Eleita em 1954 "a mulher do ano" por diversos jornais e revistas, ela se tornou uma *blond beauty*, tal qual Marilyn; sua história evocava beleza, fama, luxo e riqueza.[12] No belíssimo documentário sueco *Os arrependidos*,[13] Orlando, um dos transexuais que se arrependeram da transição, cita o caso de Christine e sua aura glamorosa como motivador para "tornar-se mulher". Não sabemos quantos percorreram o mesmo caminho, movidos pelo mesmo ideal de que ser mulher traria felicidade e beleza, mas criou-se então o

---

* Segundo Colette Chiland, em *O transexualismo*, o cirurgião dinamarquês Christian Hamburger, que fez a cirurgia de redesignação sexual em Jorgensen, recebeu no período de um ano 465 cartas de pessoas que se reconheceram na história de sua paciente e queriam o mesmo tratamento. Jorgensen escolheu seu novo nome, Christine, em homenagem a ele.
** A nomenclatura usada atualmente para essa intervenção cirúrgica é redesignação sexual.

A *questão transexual* 65

cenário perfeito para a produção de demandas desse tipo em larga escala. São muitos os relatos de pessoas que mantinham uma relação de estranheza com o próprio corpo e que, ao se depararem com o depoimento de um transexual, concluem que essa é igualmente a sua problemática.

Se a transexualidade só pôde adquirir existência a partir do discurso médico e do avanço formidável de suas técnicas, foi o imaginário social, por meio dos veículos de comunicação, o responsável pela migração do transexualismo do campo da psicopatologia para o da expressão cultural, valorizada e até incensada pela mídia. O que até então pertencia aos dossiês médicos recebeu status de "objeto de consumo", exposto como joia valiosa numa vitrine. Assim, dentro da lógica capitalista de oferta e demanda, a transexualidade adquiriu o mesmo valor de uma cirurgia plástica estética associada ao suprimento hormonal.

Endocrinologistas e cirurgiões se tornaram as grandes estrelas desse novo nicho, e os poucos estudos que indicavam a relevância clínica e terapêutica de intervenções tão radicais foram descartados ou eximiam o autor de seu posicionamento, sem qualquer interrogação sobre as implicações jurídicas, éticas e psicossociais. Uma cegueira sem precedentes – estremecida por um colóquio ocorrido em 1996, em Paris,[14] que evidenciou como qualquer forma de questionamento sobre a transexualidade causava incômodo.

Orgânico ou psíquico?

Temos acompanhado uma obstinada tentativa de "explicar" a transexualidade pela via biológica, que pretende demonstrar que a influência de hormônios antagônicos durante a gestação poderia levar um feto do sexo masculino a se "feminilizar" e também que determinada formação anatômica do cérebro seria diferente em meninas e meninos. Mas, se voltarmos o olhar para poucas décadas atrás, vemos semelhante linha de argumentação, dita científica, pretendendo – sem êxito – situar a origem da homossexualidade no assim chamado "gene gay". Esses fatos estão interligados ou será mera coincidência? Seja como for, o recurso à biologia para justificar qualquer expressão da sexualidade pode resultar em verdadeiras barbáries para "corrigir a raça humana" segundo padrões ultraconservadores.

No caso do suposto "gene gay", que levantou uma polêmica acirrada na mídia na década de 1990,[15] esse recurso à ciência foi apoiado até mesmo por psicanalistas que acreditaram ingenuamente que a segregação dos homossexuais encontraria uma barreira caso fosse demonstrado que essa condição era inata e genética.* Mas o que se verifica de fato é que a ciência

---

* A psicanalista nova-iorquina Ona Nierenberg criticou, em The "science" of homosexuality: A psychoanalytic critique, a visão do psicanalista Richard Isay de que a adoção da perspectiva da homossexualidade como sendo geneticamente determinada aboliria seu estatuto de patologia. Além de considerar a sexualidade humana como fixada pela biologia, Isay contradiz a teoria freudiana da sexualidade, segundo a qual há um continuum entre

A questão transexual 67

pode se aliar mais facilmente às forças repressivas, e com riscos muito mais severos. No caso da transexualidade, há fortes indícios de que a visão dita científica encontra suporte na parcela da população que manifesta sua homofobia sem nenhum pejo, em declarações como "Não queria filho veado. Sou lutador e fui criado numa família tradicional onde homem é homem e mulher é mulher".[16] Voltaremos a essa aliança que se observa atualmente entre homofobia e transexualidade.

Nos últimos anos, a imprensa tem publicado uma enorme quantidade de depoimentos, opiniões e discussões sobre a transexualidade. A grande difusão dessas questões na mídia produz todo tipo de efeitos sobre a população leiga, que quer saber exatamente o que é isso, uma vez que a maioria das pessoas nunca tinha ouvido falar nada sobre essa experiência, tendo apenas ideias difusas que confundem transexuais, homossexuais, travestis... Na verdade, no próprio campo psiquiátrico a transexualidade fez sua entrada muito recentemente. Não encontramos nenhuma referência a ela no *Manual de sexologia normal e patológica*, publicado em 1950 pelo médico e psicanalista Angelo Hesnard, fundador da Sociedade de Psicanálise de Paris. Tampouco no célebre *Manual de psiquiatria* de Henri Ey, publicado em 1960, a transexualidade é abordada.

Responder à questão da origem biológica ou psicológica da transexualidade é um ponto sobre o qual muitos pesquisadores

---

homossexualidade e heterossexualidade, de forma tal que nenhuma delas é privilegiada como sendo natural nem denegrida como desviante.

têm se debruçado intensamente. Caso seja provado que ela é fruto de uma alteração física congênita, e não uma condição cuja origem remonta a fatores psicológicos e especialmente à educação recebida pela criança, a desculpabilização dos pais é total. E não só: também entre os próprios transexuais a hipótese biológica é preferível, uma vez que retira do sujeito a implicação pela sua posição subjetiva – que chamamos em psicanálise de escolha inconsciente – que se ancora em sua própria história.

A questão da culpabilização parental pode ser introduzida a partir da trágica história de David Reimer, que em 1960, quando bebê, teve seu pênis acidentalmente destruído durante a circuncisão. O psicólogo John Money, do Hospital Johns Hopkins, sugeriu então que a criança fosse criada como menina pelos pais; além de tomar hormônios femininos, ela não deveria jamais vir a conhecer sua própria história. O objetivo de Money era provar que o gênero não é um dado biológico, mas sim psicológico e estritamente relacionado à educação e ao meio ambiente. Ou seja, tratava-se de provar que a influência da cultura era o que determinava a identidade de gênero, e não algum fator biológico.

Mas o comportamento de Reimer negou as hipóteses de Money, que no entanto, embora Reimer se comportasse em suas brincadeiras e escolhas francamente como um menino, inclusive urinando em pé, publicou artigos fraudulentos que afirmavam o contrário. Aos quatorze anos de idade, muito deprimido, Reimer foi informado pelos pais da verdade. Submeteu-se a uma cirurgia de reconstrução peniana, casou-se

A questão transexual 69

com uma mulher, mas suicidou-se aos 38 anos. Evidentemente, esse caso obteve o efeito contrário ao almejado por Money e passou a ser entronizado como o exemplo *princeps* de que a identidade de gênero é de origem biológica.

O fato é que até hoje a crença na origem biológica da transexualidade – e portanto a pertinência de tratamento com remédios e hormônios – é bastante difundida e bem aceita. Recentemente, uma revista brasileira dirigida para o público leigo publicou uma extensa matéria de capa sobre uma menina trans e seu tratamento e apontou para a polêmica entre os médicos sobre a origem – psicológica ou orgânica – da transexualidade.[17] No Ambulatório Transdisciplinar de Identidade de Gênero e Orientação Sexual do Hospital das Clínicas de São Paulo, fundado em 2010, o tratamento segue o parecer do Conselho Federal de Medicina em relação à idade mínima de dezesseis anos para o uso dos hormônios antagônicos. Em alguns casos – após período de avaliação multidisciplinar –, para evitar as mudanças corporais advindas com a puberdade, os endocrinologistas prescrevem para as crianças diagnosticadas com disforia de gênero um bloqueador hormonal chamado acetato de leuprolida, indicado normalmente para casos de puberdade precoce. Os casos considerados extremos – como aqueles em que a autopercepção do corpo leva o paciente a buscar tratamento cirúrgico e hormonal – são corroborados em "base biológica, surgida na gestação, quando cérebro e genitália ainda estão se formando".[18] Mas essa informação é veiculada a partir de alguns trabalhos de pesquisa que vêm sendo feitos para provar essa origem e que chegam até a mídia amputados das ambiguidades que os resultados das pesquisas apresentam. Não há nenhuma clareza quanto a essa suposta evidência orgânica das alterações de gênero. Ao contrário, muitos estudos abalizados jogam um balde de água fria sobre essas expectativas e afirmam exatamente o oposto.

A transexualidade não ser orgânica não implica culpabilizar os pais ou a educação pela condição transexual, e nem mesmo os próprios transexuais. No campo psicológico, a causalidade das coisas não é simples – tal fator produz tal efeito –, mas plural e altamente complexa, além de se produzir em grande parte inconscientemente.

Cabe aqui, portanto, nos referirmos a um dos mais recentes e importantes estudos sobre a origem das disforias de gênero e da transexualidade, o relatório "Sexuality and Gender", apresentado em 2016 pelos psiquiatras Lawrence Mayer e Paul McHugh, do Hospital Johns Hopkins de Baltimore. Esse estudo de caráter exaustivo, que reviu praticamente toda a bibliografia internacional existente sobre o tema da sexualidade e do gênero, refuta muitas das teses nas quais são baseadas as reivindicações do movimento transativista. O relatório se divide em três partes: orientação sexual; a sexualidade e as consequências sobre a saúde mental e o estresse social; e identidade de gênero. Acompanhar suas conclusões pode ser bastante instrutivo para nos posicionarmos diante das questões ali levantadas com elementos consistentes.

Em primeiro lugar, embora constate que a orientação sexual (atração sexual por pessoas do mesmo sexo, do sexo oposto ou de ambos os sexos) não é uma escolha, o relatório refuta a noção popular do "eu nasci assim", que leva naturalmente à ideia de que a orientação sexual é uma propriedade inata, fixada biologicamente. É relevante ver os autores, médicos e psiquiatras de formação organicista (para os quais a etiologia das doenças mentais é de origem biológica e deve ser tratada com medicações que agem sobre o sistema nervoso central) combaterem essa ideia e sustentarem que, ao contrário, estudos mostram que a orientação sexual pode ser bastante fluida ao longo da vida de algumas pessoas. Eles sublinham que a popularização de certas formulações científicas, como na música de Lady Gaga "Born this way" ("Nascida assim", 2011), supõe com muita frequência uma causalidade orgânica inexistente, que não é corroborada de fato pela ciência.

De nosso ponto de vista, essa discussão acadêmica norte-americana peca por não introduzir as noções freudianas de pulsão e bissexualidade, as quais dão conta de um grande número de dúvidas que são levantadas quando se abordam questões ligadas à sexualidade. No entanto, a discussão abre inteiramente as portas para as formulações mais essenciais da psicanálise, segundo a qual todo ser humano possui uma estrutura de base bissexual, que pode ser desenvolvida em diferentes direções.[19] Quando frisam com segurança que a orientação sexual de cada pessoa não é uma escolha, faltaria apenas acrescentar ao raciocínio que não é uma escolha *no sentido comum do termo*, de uma escolha consciente – mas se trata sim de uma escolha inconsciente. Esta é uma expressão que encontramos ao longo da obra de Freud: escolha inconsciente de objeto. Evidentemente, esse é um ponto de vista que só pode ser compreendido por quem conhece em profundidade as teorias psicanalíticas sobre a sexualidade humana, que incluem a dimensão do inconsciente, e às quais voltaremos nossa atenção adiante.

O relatório "Sexuality and Gender" refuta igualmente a hipótese de que a identidade de gênero seria uma propriedade inata e fixa do ser humano, independente do sexo biológico. Há hipóteses sobre diferenças cerebrais que estariam na origem da transexualidade, mas não há qualquer prova científica da existência de uma base neurobiológica na identificação sexual disfórica, isto é, "um homem no corpo de mulher" ou "uma mulher no corpo de homem". A afirmação de que há estruturas distintas nos cérebros masculino e feminino sustenta muitas vezes, para muitos especialistas que trabalham com crianças consideradas transexuais, a possibilidade de estabelecimento do diagnóstico de transexualidade. Contudo, muitos psiquiatras e pediatras são peremptórios em chamar atenção para o cuidado que é preciso ter em relação aos tratamentos oferecidos às crianças com disforia de gênero, na medida em que a grande maioria delas muda essa tendência ao longo da vida: apenas uma minoria de crianças que apresentam uma identificação sexual não cisnormativa irá mantê-la na adolescência e na idade adulta.

A questão transexual

Tendo descartado, pelo menos por enquanto, as etiologias orgânicas das disforias de gênero, nos sentimos à vontade para abordar esse assunto sob o prisma da psicogênese, ou seja, da origem puramente psíquica dessa condição. Paradoxalmente, poucas vezes um relatório médico teve tanto valor para os especialistas em psicanálise quanto o relatório "Sexuality and Gender", e os próprios autores sugerem que o campo de pesquisas psicológicas dessa temática deve ser incrementado. Isso porque a sexualidade humana é o tema fundamental da pesquisa psicanalítica desde seus primórdios.[20]

Os caminhos para a satisfação pulsional são plurais e complexos; diante da sexualidade nos encontramos em encruzilhadas,[21] entre o natural e o impossível, o órgão e o vazio, entre a certeza científica e o semidizer do inconsciente, pois há sempre algo da ordem da dúvida, do equívoco, da suspensão do sentido. Ao destacar a bissexualidade estrutural, Freud ressaltou que a identificação do sujeito com um sexo é secundária e que, para além do indivíduo biológico, há o sujeito falante, que só pode ser sexuado porque fala; é por efeito da entrada na linguagem que o sujeito é dividido e se funda na diferença.

Tudo o que diz respeito ao sexo e à sexualidade está marcado por estranheza e diferença, mas a possibilidade de subverter – através da homossexualidade – a ordem que mantinha certa estabilidade social tem inquietado diversos saberes e provocado muitas discussões. Resumidamente, diante da homeostase da cultura, dos sentidos que ela outorga à complementaridade entre os dois sexos, a homossexualidade sempre funcionou como um real sem sentido que abala certo *status quo* social. Hoje, a transexualidade desempenha idêntico papel. Desde a grande repercussão do caso de Christine Jorgensen houve um aumento significativo de pessoas que viram nas cirurgias e nas terapias hormonais a possibilidade de resolver o desconforto causado pelo sentimento de ter um corpo em desarmonia com a própria imagem.

De fato, a transexualidade escancara a absoluta ausência da naturalidade do corpo e exibe o caráter heterogêneo da linguagem em relação a ele, evidenciando a confusão imaginária entre o falo simbólico e o pênis – confusão essa muito comum na cultura e principal motivo pelo qual a psicanálise é considerada erroneamente como falocêntrica.

Sempre houve uma dificuldade da psiquiatria em lidar com a transexualidade, dificuldade fruto das influências morais e ideológicas presentes na construção de suas categorias nosográficas. A uniformidade na descrição do quadro clínico chama atenção e aponta para a falta de espaço para qualquer dúvida ou interrogação, como se o saber científico não suportasse qualquer não-saber.[22] A tese de doutorado em medicina do psiquiatra francês Jean-Marc Alby, *Contribution à l'étude du transsexualisme*, defendida em 1956, sustentava que a transexualidade era uma perturbação da ordem da perversão ou da psicose, e, logo, a cirurgia não era indicada.

A ideia de que se faz necessário corrigir um "erro da natureza" traz implícita uma certeza em relação a algo que deveria ser, por essência, marcado por uma suspensão. É no mínimo

A questão transexual 75

surpreendente que a transexualidade se encontre no rol das síndromes *psiquiátricas* sob o nome de transexualismo, mas que sua "cura" seja obtida pela *via da intervenção cirúrgica*.* O sujeito demanda uma correção no corpo a partir da certeza de sua alma – é a harmonia entre o corpo e a alma que é exigida pelo transexual. Vale ressaltar, contudo, que a *certeza* transexual pode claudicar diante de uma simples interrogação. Esse é o caso, por exemplo, de A., um jovem transexual que, ao sustentar sua identidade masculina em uma sessão de análise, foi interrogado pelo analista sobre "o que é um homem", não soube responder e retorna frequentemente a essa questão na análise.

A transexualidade na psicanálise

O psicanalista californiano Robert Stoller foi o primeiro a se dedicar aos estudos de gênero, na tentativa de introduzir uma leitura de cunho não patologizante sobre as perversões e o transexualismo. Stoller fundou a Gender Identity Research Clinic na Universidade da Califórnia. Seu pioneirismo tornou-o o maior especialista americano sobre o assunto, e a maioria dos psicanalistas que se aventuram na área é obrigada a reto-

---

* A única intervenção cirúrgica preconizada pela psiquiatria foi a lobotomia, hoje abandonada. Foi criada em 1933 pelo médico português Antonio Egas Moniz, que recebeu, por isso, o prêmio Nobel em 1949.

mar a sua obra, pelos aportes fundamentais trazidos na grande casuística por ele apresentada.

O livro *Sex and Gender* (1968), resultado de dez anos de uma pesquisa que incluiu a escuta de pacientes e familiares, foi o primeiro em que Stoller abordou o tema e trouxe uma visão distinta acerca da identidade de gênero. Stoller esclareceu que ali não discutiria aspectos cruciais como o desenvolvimento e declínio do Édipo em meninos e meninas, as defesas contra a angústia de castração, as vicissitudes da inveja do pênis nas meninas, a pressão das manifestações culturais contra a livre expressão das pulsões sexuais, entre outras coisas. Em *A experiência transexual* (1975), explicou que as informações conhecidas sobre as causas do "transexualismo" – definido por ele como uma desordem "na qual uma pessoa anatomicamente normal sente-se como membro do sexo oposto e, consequentemente, deseja trocar seu sexo, embora consciente de seu verdadeiro sexo biológico"[23] – não provavam nada. Stoller tinha como objetivo construir um argumento lógico. E, assim, para ele, o que definia o transexual, mais do que a demanda de cirurgia, era a convicção inabalável de ser "uma mulher no corpo de homem".

Seu interesse era o desenvolvimento da feminilidade e da masculinidade, mas os estudos sobre transexuais apontavam as origens da identidade de gênero de forma muito mais clara que nas outras pessoas. O aporte original de seus estudos foi abordar a infância de meninos considerados biologicamente normais que ainda bem pequenos tinham muitas características femininas (andar, gestual, inflexão vocal...), usavam roupas de menina ou

A questão transexual

as improvisavam com toalhas e outros adereços. Isso acontecia de modo insistente e a reação materna era sempre a de considerar "bonitinho". Chamou a sua atenção que os pais e aqueles que conviviam com a criança achavam natural esse comportamento, atribuindo-o a uma predisposição biológica. Esses meninos que se diziam meninas acreditavam que se tornariam mulheres na vida adulta e questionavam as mães sobre o crescimento das mamas e a possibilidade de remoção do pênis.

Stoller estabeleceu a diferença entre travestis e transexuais. O travestismo é marcado pelo sentimento prazeroso, fetichista, de homens que se vestem como mulher ou executam papéis femininos, mas não só preservam como valorizam os órgãos genitais. Já as transexuais acreditam pertencer de fato ao sexo oposto e que a única via possível para concretizar o "ser mulher" é a hormônio-cirúrgica; o corpo deve ser "corrigido". A firme crença no desenvolvimento das características relativas ao sexo oposto na fase adulta faria parte do critério para diagnóstico de transexualismo em crianças. Como resumiu com precisão o psicanalista lacaniano Moustapha Safouan, "o travesti impõe ao real a forma de sua fantasia, e por essa razão imaginariza o real, daí o lado 'jogo' de suas manobras; o transexual, este, realiza o imaginário, como atesta sua demanda. O primeiro legifera à mercê de seu desejo ou do que esse desejo acarreta como angústia de castração, e desprezando a classificação comum; o transexual, este, aparentemente aceita esta última, mas contesta o lugar que ela lhe designa".[24]

Stoller apresentava algumas hipóteses causais para o transexualismo: a mãe com tendências transexuais reprimidas na adolescência; a tentativa materna de proteger o filho da falta de amor que ela própria sofreu na infância; a manutenção exacerbada do filho junto ao corpo materno; ausência de uma figura masculina que proibisse o processo de feminização do menino imposto pela mãe. Mais essencialmente, esses meninos mantiveram uma relação, qualificada por Stoller de simbiótica, de extrema intimidade corporal com a mãe (no colo, dormindo juntos etc.) durante os quatro ou cinco primeiros anos de vida. Segundo Stoller, quanto maior a presença desses fatores, maiores seriam as chances de o menino tornar-se transexual.

O autor introduz as ideias de que o núcleo da identidade de gênero é criado muito antes do período edipiano, e de que a identificação feminina desse meninos é induzida pela mãe diante da constante ausência do pai. Como a questão edipiana não está em jogo, não é possível situar esses sujeitos na neurose ou na perversão. Quanto à psicose, Stoller também a descarta, na medida em que, excluindo essa certeza (considerada delirante) de pertencer ao sexo oposto – a qual Stoller qualifica como uma alteração precoce do caráter –, eles não têm nenhum outro traço que possa levar a crer que sejam psicóticos. O tratamento psicoterápico, tanto na criança quanto na mãe, poderia apresentar resultado positivo se realizado cedo: como na puberdade a identidade já está estabelecida, a psicoterapia não tem mais eficácia. Stoller desaconselhava a cirurgia, pois

A questão transexual 79

os casos cirúrgicos que ele acompanhou durante dez anos apresentaram quadros de depressão e suicídio.

A crítica que a obra de Stoller recebeu de Jacques Lacan foi em relação à inconsistência teórica com a qual constrói sua argumentação, destacando que o conceito de foraclusão seria crucial para entender a face psicótica dos casos trabalhados.[25] Mas Stoller descartava a hipótese de psicose nos transexuais pela ausência do delírio, uma vez que não via em seus pacientes uma negação da realidade externa, ou seja, do próprio sexo anatômico. Sua referência para o delírio no transexualismo era o caso Schreber, o jurista que sentia alterações corporais ordenadas por Deus e cujas memórias foram analisadas por Freud.

A bissexualidade, o repúdio ao feminino e o protesto masculino* parecem perpassar quase todos os trabalhos sobre o tema da transexualidade. Apesar da leitura às vezes equivocada de determinadas noções trabalhadas por Freud, Stoller trouxe no núcleo de suas discussões o que chamou de "imposição do ambiente humano circundante", o que nos remete à noção de contingência na constituição subjetiva.

Orientando-se pela ideia de que a identidade é uma ilusão, ele questionou os motivos pelos quais uma pessoa nascida com o corpo masculino tomaria a identidade de mulher sem que isso fosse considerado uma distorção da realidade. Noto-

---

* O protesto masculino é uma categoria definida por Alfred Adler, que exprime na mulher a recusa de sua condição feminina e no homem um complexo de superioridade, valorizada por Freud em seu ensaio sobre "Algumas diferenças psíquicas da diferença anatômica entre os sexos".

riamente, Stoller construiu seu trabalho com o olhar voltado para a possibilidade de qualificar e quantificar o que se poderia nomear como "feminino" e "masculino". Já naquela época, preocupado com o crescente número de casos, ele apontava a influência da publicidade e a disseminação do assunto pela sociedade como complicadores para o estabelecimento do diagnóstico correto. Para ele, o fato de os próprios pacientes definirem seu diagnóstico e proporem a terapêutica poderia, em alguns casos, ocultar uma psicose num delírio bem estruturado ou livrar os homossexuais de ter que lidar com a própria homossexualidade em tempos de grande repressão sexual.

Esse parece ter sido o caso do já mencionado Orlando Fagin, jovem sueco que se inspirou no caso espetacular de Christine Jorgensen, fez a cirurgia de mudança de sexo e depois se arrependeu. Como ele mesmo reconheceu num testemunho comovente,[26] a mudança de sexo de Christine tornou-a encantadora, e todo o glamour que ela conquistou o induziu a passar pelo mesmo processo. Homossexual, Orlando não via outra forma de poder assumir uma relação com um homem: "Eu nasci homem, depois mudei de sexo e depois voltei a ser homem de novo. Ser mulher não é para mim... A questão não era na verdade se tornar uma mulher. A questão era mudar para poder ser amado e poder ser aceito. Era tudo tão secreto naquela época, e ainda por cima não era permitido ser gay. ... Ser chamado de homossexual e ser ameaçado pela polícia, ganhar algum dinheiro para ir para a casa de alguns homens; sentir frio, sentir fome. Eles não tratariam uma mulher assim. Eu pensei: tem que ficar melhor."

Ciência e repúdio à homossexualidade

Em 1958, Eugene de Savitsch, médico de origem russa radicado nos Estados Unidos, que chegou a fazer parte da equipe médica do Congresso americano, publicou um curioso opúsculo intitulado *Homosexuality, Transvestism and Change of Sex*, sua obra principal, hoje na oitava edição, que pode ser considerada a primeiríssima aliança entre homofobia e transexualidade no âmbito da medicina. Logo na breve introdução, aprendemos que o livro, cuja temática central é o que ele denomina de "mudança de sexo", aborda a homossexualidade e o travestismo como os "fatores subjacentes ao desejo de mudar o sexo". O livro antecede em exatos dez anos *Sex and Gender*, de Robert Stoller, o primeiro grande trabalho sobre transexualidade,[*] e por isso este termo nela não aparece.

Escrita no bojo da repercussão na sociedade das primeiras cirurgias de transgenitalização, a obra, ao visar esclarecer o público sobre a recém-surgida questão da mudança de sexo, produz uma sutil homogeneização entre homossexualidade e transexualidade, através da introdução de um terceiro termo –

---

[*] Apesar de Stoller ter sido o primeiro psicanalista a propor uma escala provisória para descrever estágios da homossexualidade manifesta em homens, foi o psiquiatra austríaco Richard von Krafft-Ebing o primeiro a propor uma escala das chamadas "inversões sexuais", como vimos, variando do "hermafroditismo sexual" à "metamorfose sexual paranoica". A obra de Savitsch não afirma abertamente que haja uma gradação entre homossexualidade, travestismo e transexualidade, mas sua leitura deixa essa ideia implícita.

o travestismo –, que aparece de uma forma ambígua e secundária em relação aos outros dois. Não à toa, o cabeço e a lombada excluem "travestismo" e indicam apenas *Homosexuality and Change of Sex*" como título. A leitura evidencia claramente o quanto Savitsch aprova a "mudança de sexo" mais do que a homossexualidade: ao longo do texto, refere-se à homossexualidade como "problema", "aberração da natureza", "impulso sexual anormal", "um ato contingencial diante da falta de mulheres".

Repetindo os universais equívocos do senso comum – e agravando-os, na medida em que dão a eles um respaldo pseudocientífico –, os casos apresentados por Savitsch conjugam homossexualidade e travestismo de modos diversos, numa forçada associação entre identidade de gênero e escolha de objeto sexual. Observa-se que uma das principais referências teóricas de Savitsch é Magnus Hirschfeld,* cujas concepções, como vimos, na medida em que estão baseadas na noção de complementaridade sexual, fazem um link entre homossexualidade masculina e feminilidade, e entre lesbianismo e masculinidade, tendo, portanto, um ancoramento profundo nas visões essencialistas da masculinidade e da feminilidade.[27]

Os casos de hermafroditas, que segundo Savitsch podem ser corrigidos pela "cirurgia moderna", revelam que não há correlação entre a extensão do desenvolvimento dos órgãos sexuais e o comportamento: "Um hermafrodita com testícu-

---

* Ver a seção "...à transexualidade", p.53-8.

A *questão transexual* 83

los bem-desenvolvidos e ovários relativamente pequenos pode comportar-se como uma mulher e vice-versa."[28]

A conclusão geral de Savitsch chama atenção por angular subitamente seu interesse para a ideia de homogeneizar as causas do hermafroditismo com as da homossexualidade: "Os casos antes descritos... não representam homossexualidade enquanto tal. Eles servem meramente para demonstrar que certo desvio do curso natural é possível na embriologia dos seres humanos. A causa absoluta disso é extremamente difícil de determinar, mas sem dúvida tem a ver com a união de cromossomos. Assim sendo, podemos concluir com segurança que o desvio permanente do impulso sexual, resultando, *inter alia*, em homossexualidade, tem também a mesma base."[29] E, depois de mencionar que o tratamento hormonal e cirúrgico pode lidar com os problemas planteados pelo hermafroditismo, ele assevera que "um maior desafio, cientificamente falando, é apresentado pelos problemas da homossexualidade e do travestismo, uma condição intimamente aliada".[30]

Os objetivos da argumentação de Savitsch são nítidos, embora sejam expostos de forma ambígua e prudente ao longo do texto. De qualquer maneira, fica evidente que ele se refere a dois relatórios sobre homossexualidade surgidos nos anos 1950 para extrair suas impressionantes conclusões. O da Associação Médica Britânica sobre "Homossexualidade e prostituição" (1955) apresenta algumas recomendações (reza, trabalho, meditação) que esquecem, segundo Savitsch, que a homossexualidade é uma aberração da natureza e não um desvio de conduta.[31] Ele critica a argumentação do relatório por abordar a questão do ponto de vista social e esquecer que a homossexualidade é um fenômeno biológico.[32] Savitsch argumenta que pela reza, o trabalho e a meditação é possível diminuir ou suprimir o impulso sexual temporariamente, mas este retorna com força.

Já o segundo relatório, elaborado pelo Comitê de Ofensas e Prostituição Homossexual, conhecido como "Relatório Wolfenden" (1957), apresenta sugestões de alteração da lei a respeito dos delitos homossexuais que, conforme Savitsch, "abrem as portas da esperança e compreensão para esses desafortunados que representam quase 5% de nossa população": o comportamento homossexual consentido entre adultos na vida privada não deve ser considerado um delito criminal; as questões relativas ao "consentimento" e ao "privado" devem ser decididas segundo o mesmo critério aplicado no caso de atos heterossexuais entre adultos; as mudanças da lei devem fixar a idade adulta em 21 anos.[33] Savitsch, sublinhando que a homossexualidade é uma condição biológica inata e não um hábito vicioso,[34] considera o relatório um esplêndido documento e concorda com suas conclusões, embora acredite que a maioridade deveria ser de dezoito anos.

Assim, tais proposições, que na leitura de Savitsch enfatizam o caráter biológico da homossexualidade, abrem caminho para o tratamento cirúrgico proposto por ele, que divide os homossexuais em dois grupos: os que aceitam sua homossexualidade e não têm conflitos e os que – marcados por culpa,

A questão transexual 85

vergonha e sentimento de inadequação – são infelizes e não estão "aptos a se reconciliar com seus instintos" ou "se tornam um espetáculo público, pela exibição excessivamente agressiva desses instintos".[35]

Além dessas pessoas, há aquelas que, segundo o autor, "no vasto repertório dessa anomalia", almejam "mudar de sexo": são "os homossexuais que, não satisfeitos com seu sexo, se consideram, física e espiritualmente, mulheres. Para eles é repugnante possuir atributos sexuais masculinos, e fazem o que podem para destruí-los."[36] A partir desse ponto, Savitsch entra no tema da mudança de sexo, não sem antes abordar os efeitos da castração, que elimina hormônios que estão na base do impulso sexual: "Parece-me que, se estivermos seriamente preocupados com a abolição do impulso sexual anormal, devemos recorrer à castração. A remoção das glândulas sexuais diminui substancialmente o impulso sexual.* ... A operação é uma das formas mais satisfatórias de tratamento de pervertidos sexuais e exibicionistas, e na Suíça, por exemplo, conheço pessoalmente inúmeros casos em que um homem exibicionista ou um pederasta foi castrado como uma pena alternativa à sentença prisional."[37] Vale ressaltar que, antes de ser considerada uma patologia, a homossexualidade foi considerada crime.

---

* Nisso Savitsch tinha a companhia, mencionada por ele, da estranha seita religiosa russa dos Skoptzy, surgida em meados do século XVIII, que pregava a castração para erradicar o pecado original e particularmente os homossexuais, "levados pelas 'mãos do demônio' a se dirigir aos jovens meninos".

Os exemplos que Savitsch traz são de homossexuais, como o do sr. B., que, acreditando que suas "tendências diabólicas" eram devidas aos testículos, ansiava pela castração para ser perdoado por Deus. Na prisão e no asilo, o sr. B. pedia para ser castrado, "insistindo que a única razão para sua associação com garotas era a vergonha de admitir que era homossexual".[38] Ou Nicholas de Raylan, mulher que levou a vida como homem, lutou como soldado na guerra hispano-americana, trabalhou no escritório do cônsul americano, casou-se duas vezes e teve seu sexo feminino revelado somente quando morreu. A srta. Leber, outro caso descrito, apresentou igualmente ao menos um episódio de relação homossexual rejeitado fortemente por ela, e o caso de J. mostrou que, tendo tentado inúmeras vezes relações homossexuais, sempre se sentia mal ao desempenhar o papel passivo "vestido como homem". O caso de S. revela igualmente suas tendências homossexuais em idade precoce e sua ânsia por roupas femininas.

A homofobia adquire as feições mais variadas e aparece às vezes de modo ambíguo, como é hoje o caso dos g0ys, que surgiram recentemente e são muitas vezes considerados homofóbicos pela comunidade LGBTI+: são homens que, ainda que cultivem ideais de masculinidade, gostam de se relacionar entre si, com envolvimento que pode ir desde uma simples demonstração de afeto até a prática do sexo oral e da masturbação em grupo. Apesar de apreciarem a intimidade com alguém do mesmo sexo, os g0ys não se consideram gays. Definem-se como homens heterossexuais liberais, que curtem amizade

A questão transexual

e "brincadeiras sexuais" com outros homens, porém condenam o sexo anal, pois para eles sexo com penetração deve ser realizado apenas com mulheres; o sexo anal é considerado degradante, visto como colocando o outro numa posição de submissão humilhante ao feminizá-lo.

Vê-se que o estigma da passividade sexual[39] atravessa esse tipo de homofobia e dá um alcance maior à noção freudiana de repúdio ao feminino. Por outro lado, e talvez mais essencialmente, não há como não ver no movimento dos g0ys uma forma de construção de um espaço social no qual a bissexualidade possa existir – mas não sem deixar de exprimir certo caráter homofóbico –, preservando campos específicos que regulam as expressões homo e heterossexual.

Savitsch menciona que a homossexualidade seria o fator predominante entre as mulheres que desejam mudar de sexo, ao passo que entre homens, embora ela compareça com frequência, os fatores seriam variados. Citando os achados do dr. Christian Hamburger, de Copenhague (que operou Christine Jorgensen), ele conclui que o "desejo de mudar de sexo" está frequentemente, embora não necessariamente, associado à orientação homossexual: "Enquanto essa operação pode eliminar os aspectos mais indesejáveis do comportamento social que envolve a homossexualidade, sua função mais importante é pôr um fim à angústia mental e ao enorme conflito interno."[40] Ao final do trabalho, Savitsch não deixa de sugerir aos pais que atentem para os "problemas sexuais" de seus filhos precocemente, pois "as chances de recuperação

88   *Transexualidade*

são marcadamente aumentadas quando um diagnóstico é feito cedo".[41]

É surpreendente a semelhança entre esses argumentos de um médico nos anos 1950 e a ênfase que a cultura contemporânea põe na ideia de "mudança de sexo" a partir da distinção do gênero – ênfase que ganha contornos ainda mais fortes quando voltada para as crianças pequenas. A discussão em torno da transexualidade na infância é muito delicada, mas precisa acontecer. Reconhecemos a gravidade com que a discriminação e o bullying podem atingir alguém em franco desenvolvimento, causando danos inestimáveis; mas um rótulo precipitado e simplista pode ser tão prejudicial quanto os atos declaradamente preconceituosos, pois acaba engessando a característica humana de maior plasticidade: a sexualidade.

Muitas e muitas vezes, crianças com comportamentos divergentes do padrão dominante de gênero – corriqueiramente falando, por exemplo meninas que querem jogar futebol e meninos que gostam de vestir fantasia de princesa e dançar balé – causam desconforto, sobretudo para os pais e familiares, necessariamente repetindo o que acontece na cultura. O problema surge quando o que era apenas parte do universo fantasístico infantil ganha asas na imaginação do adulto e recebe o carimbo da homossexualidade ou da transexualidade.

Na confusão entre homossexualidade e transexualidade, a homofobia parental tem se revelado de forma contundente, como no caso divulgado pela imprensa do desabafo do pai de um menino de apenas seis anos que "não queria filho veado":

A questão transexual

"Eu me isolei e parei de ir na casa dos meus amigos e familiares porque eu morria de vergonha por achar que eu tinha um filho gay, que gostava de coisa de menina. ... Só depois eu aprendi que identidade de gênero não tem nada a ver com orientação sexual. E que transgênero é a pessoa que não se identifica com o sexo e com o corpo em que nasceu."[42]

Também aqui a mídia tem forte participação e pode ser uma faca de dois gumes. Se por um lado contribui para a luta contra o preconceito, por outro pode ser um grande aliciador para determinadas situações.

Como dissemos antes, orientação sexual e identidade de gênero são categorias distintas, sem qualquer relação direta entre si, porém comumente o imaginário as sobrepõe – e nas entrelinhas desse discurso apreendemos a aliança entre a cultura heteronormativa e a transexualidade. Esse é o caso da declaração paterna que acabamos de ver e também da fala da personagem Bianca no documentário *De gravata e unha vermelha*; ela se define como uma mulher "made in China"; sabe que nunca será uma mulher, mas também nunca será um homem; por gostar tanto de homem, "do homem mesmo", virou "uma mulher, superfeminina, uma trans; uma mulher, praticamente".[43]

Em relatos presentes tanto na mídia quanto na clínica, verificamos muitas vezes que a homossexualidade levou o sujeito a questionar sua identidade de gênero e pensar ser um transexual; uma clara confusão entre escolha homossexual de objeto e transexualidade. Isso foi o que aconteceu com B., que descobriu já na vida adulta sua homossexualidade; apesar da dificuldade de lidar com seu sexo de nascimento – porque ninguém sabe mesmo o que é ser um homem e o que é ser uma mulher –, foi a partir da experiência homossexual que passou a se indagar sobre sua possível transexualidade. Em análise, questionou se não estaria se escondendo de uma identidade (homossexual) atrás de outra identidade (transexual). Como ponderou o psicanalista François Ansermet, "a identidade talvez exista mais quando a recusamos. A recusa a faz consistir."[44]

É muito comum que na clínica analítica se revele uma "cola" entre a orientação sexual e a identidade de gênero. Também há alguns casos nos quais equívocos no exame de ultrassonografia levaram os pais a aguardarem um bebê do sexo oposto, mas o que ocorre aí é diferente: trata-se do lugar que esse bebê ocupou no desejo dos pais, fato anterior à escolha de objeto por parte do sujeito.

Há pouco tempo, mais precisamente em setembro de 2017, vivenciamos uma grande mobilização diante de uma ação descabida promovida por um grupo de psicólogos que dava brecha à conhecida e bizarra "terapia de reversão sexual", ameaçando a resolução 01/99 do Conselho Federal de Psicologia, que guia os profissionais da área quanto à atuação relacionada às questões de orientação sexual, visando enfrentar os preconceitos e promover os direitos da população LGBTI+. Tais fatos apontam para o caráter assustador e repugnante que a

A questão transexual

homossexualidade desperta em muitos indivíduos, inclusive especialistas da saúde mental.

A cultura se erige sobre a heterossexualidade compulsória, baseada na complementaridade entre os sexos – que é corroborada pela ciência e pela maioria das religiões. A intenção aparentemente vanguardista de eliminar o desconforto vivido entre o sexo e o gênero pode sorrateiramente servir à sórdida ideia de adequar um corpo à heterocisnormatividade, como visto na Rússia e no Irã (sobre os quais falaremos no próximo capítulo). Não à toa, ainda é pequeno o questionamento da noção do "verdadeiro transexual" – criada a partir da adequação dos/das transexuais aos papéis de gênero relacionados à sua identidade e verificados no "teste de vida real".*

É a ideia do verdadeiro transexual que orienta todo o processo transexualizador no Brasil conforme preconizado pelo Ministério da Saúde – e isso, na maioria das vezes, impede que o candidato ao processo possa revelar sua subjetividade sem se preocupar com papéis e expressões de gênero. Na prática, significa que se ele for transexual e homossexual (homem trans que se relaciona sexualmente com homens ou mulher trans que se relaciona sexualmente com mulheres) corre o risco de ser excluído do processo. Essa é a fala dos transexuais que chegam à nossa clínica e compreendem que ali podem se

---

* O "teste da vida real", segundo Berenice Bento em *A reinvenção do corpo* (2006), visa verificar se há congruência entre a fala do sujeito transexual e seus comportamentos, incluindo a orientação sexual e a forma de vestir.

despojar de papéis e falar de sua singularidade subjetiva, como no alegre relato: "Quando cheguei aqui, achei que fosse ter que fazer um personagem, fingir ser quem não sou. Agora me sinto aliviado, por não me sentir em um teste. Aqui posso falar tudo." De fato, a única regra da psicanálise é a regra da associação livre, que convoca o sujeito a falar com a maior liberdade possível.

Insistimos: a difusão gigantesca da transexualidade na cultura contemporânea estará a serviço da homofobia? O livro do dr. Eugene de Savitsch revela com bastante acuidade a presença da homofobia já no momento em que o sentimento de ter uma alma presa num corpo que não é seu encontrou uma resposta hormônio-cirúrgica.

Com Lacan

O interesse da psicanálise pela transexualidade ainda era pequeno na década de 1980. Depois de Robert Stoller, os psicanalistas que escreveram sobre o tema já estavam influenciados pela abordagem lacaniana e trouxeram diversas contribuições para se pensar essa clínica. Todos eles subsumem a transexualidade à psicose.[45]

No entanto, a partir dos desenvolvimentos do ensino de Lacan, temos diferentes formas de abordar a transexualidade: pela via das estruturas clínicas, tendo como bússola a inscrição do significante do Nome-do-Pai;* pelas fórmulas quânticas de sexuação, em que masculino e feminino são tematizados a partir de dois tipos distintos de gozo;** pela estrutura topológica do nó borromeano, composta pelos registros real, simbólico e imaginário (R.S.I.); e pelo sinthoma, forma específica de amarração desses três registros proporcionada por um quarto elo. Bom que se diga que esse percurso teórico lacaniano que vai das estruturas clínicas ao sinthoma não significa a substituição de uma teoria por outra, mas sim etapas que se sucedem logicamente uma às outras, num percurso marcado por formulações distintas. Destacamos entre elas a estrutura topológica da banda de Moebius, que permite apreender a continuidade entre o sujeito e a cultura – no caso da transexualidade, a continuidade do corpo entre o sujeito e a ciência.

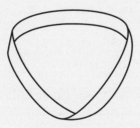

Banda de Moebius

---

* Hipótese lacaniana clássica da transexualidade como psicose.
** A hipótese de Marcel Czermak é de que o transexual quer se desembaraçar do gozo fálico, masculino, para aceder ao gozo do Outro, feminino.

94 *Transexualidade*

A famosa e bela modelo transexual brasileira Lea T. declarou certa vez que ser transexual é como calçar os sapatos trocados nos pés, algo que não encaixa.[46] Quantos de nós, cisgêneros ou transgêneros, homens ou mulheres, homossexuais ou heterossexuais, também já não esbarraram com a própria imagem e a estranharam? Até Freud, certa vez ao viajar de trem, desconheceu por alguns segundos a sua imagem ao deparar-se com ela refletida na porta da cabine! Em casos como esses, nos defrontamos com a inquietante estranheza, que muitas vezes faz advir a angústia.

Baseado nos estudos descritivos de Henry Wallon, Lacan formulou a teoria do estádio do espelho, segundo a qual a criança, ao perceber como sua a imagem refletida no espelho, geralmente entre os seis e dezoito meses de idade, vivencia um estado de intensa alegria. A imagem assim internalizada constitui o embrião do eu humano e permite à criança vivenciar seu corpo como uma unidade e suplantar a angústia sentida anteriormente pela sensação do corpo despedaçado. O relevante é que a criança só entroniza a percepção quando esta é ratificada por um adulto. Isso se desdobra em outros efeitos. Em primeiro lugar, na passagem daquilo que era carne para o corpo. Em segundo, na ideia de que o imaginário (imagem corporal) no ser humano não se sustenta por si só e depende do simbólico (palavra e linguagem) para se instituir. Sem o simbólico, o imaginário está fadado à contínua desconstrução, ou seja, à invasão do real. Assim, cabe interrogar se para os transexuais a cristalização do imaginário – ou o que se pode chamar

A questão transexual 95

de tirania da imagem[47] – se produz como uma defesa extrema contra o esburacamento do real, o que é inapreensível pela linguagem e que o simbólico não foi capaz de circunscrever.

Voltemos a esses três registros, que para Lacan constituem a realidade humana. O simbólico é a fala e a linguagem; ele corresponde à própria estrutura do inconsciente, a linguagem que especifica a espécie humana, e cuja característica principal é a ambiguidade, a polissemia. O imaginário é o domínio do narcisismo tal como desenvolvido por Freud, o âmbito da imagem corporal, da relação do sujeito com a imagem de si e do outro – o eu e o outro, em que o eu se constitui em espelho a partir do outro. O real é o irrepresentável pela palavra e pela imagem, às quais ele é refratário; ele é o impensável, aquilo que é radicalmente sem sentido. Trata-se, portanto, de três dimensões heterogêneas que correspondem, segundo a concepção que Marco Antonio Coutinho Jorge desenvolveu, a diferentes formas de lidar com o sentido: o real é o não-sentido; o simbólico é o duplo sentido; o imaginário é o sentido único, fechado.[48] Através dessa formulação percebe-se claramente que o real e o imaginário são os grandes antagonistas da estrutura psíquica, os extremistas que cada sujeito carrega dentro de si, querem ambos destruir um ao outro, ao passo que o simbólico concilia as diferenças, é o mediador que visa pacificar a guerra contínua travada em cada sujeito entre o real e o imaginário.

Podemos fazer uma distinção conceitual entre o transgênero e o transexual baseando-nos na teoria lacaniana sobre os três registros psíquicos. Tudo indica que o transgênero quer adequar o real pelo imaginário e, assim, utiliza o simbólico – a via pela qual o imaginário se abre para o duplo sentido. As alterações da imagem corporal do transgênero são, em sua maioria, obtidas com a utilização de elementos simbólicos que agem para designar determinado gênero: maquiagem, roupas, adereços e maneirismos. As mudanças feitas por via *simbólica*, sejam quais forem – podendo-se incluir nelas tanto os tratados entre as nações como as vestimentas e os acessórios de cada gênero –, são passíveis de reversão, uma vez que as oposições, contradições e, mais essencialmente, a existência da diferença e o convívio com ela são contemplados. E assim a reversibilidade inerente ao simbólico em seu pleno funcionamento permite que a "operação transgênero" seja revertida simbolicamente a qualquer momento. Mesmo as próteses ou o silicone industrial usados pela maioria das travestis, apesar de caracterizarem uma intervenção no real do corpo, também são em geral reversíveis.

A reversibilidade do simbólico pode ser escrita do seguinte modo:

$$ I \underset{S}{\overset{S}{\rightleftarrows}} R $$

O transexual, por sua vez, quer corrigir o imaginário pelo real e, assim, age no próprio real – do corpo –, cuja característica é a irreversibilidade. Vê-se que o efeito de foraclusão do simbólico, apontado por Lacan já em suas primeiras observa-

A *questão transexual* 97

ções sobre a transexualidade, aparece nitidamente. A irreversibilidade do real pode ser escrita do seguinte modo:

$$R \longrightarrow I$$
$$[S]$$

É nessa medida que o transexual foi inicialmente abordado pela via dos casos de transexualidade psicótica, pois essa ênfase na correção do real do corpo para que ele se conforme ao imaginário do outro sexo produz um curto-circuito no simbólico, o que em geral fala a favor da foraclusão do significante do Nome-do-Pai (mecanismo de defesa da psicose isolado por Lacan).

Contudo, o crescimento expressivo do número de casos de transexualidade exige que se considere igualmente que essa ação sobre o real do corpo se produza na neurose – em especial na histeria –, dependendo da intensidade com a qual o sujeito vivencia a fixação em determinada consistência imaginária que, dentre outras possibilidades, pode advir da homofobia internalizada do próprio homossexual. O sentido que ele atribui à homossexualidade pode levar à necessidade imperiosa de aplacar a angústia trazida pela percepção, inconsciente ou não, da própria homossexualidade, pois sabemos como a angústia comparece frequentemente como sinal do retorno do recalcado. A transexualidade estaria assim, em muitos casos, agindo a favor da crença na existência da relação sexual entre homem e mulher, assim como na crença da complementaridade entre os sexos.

Caso tal hipótese se confirme – nosso intuito é colocá-la à prova –, trata-se de algo extremamente grave, que nos leva a perceber no incremento do número de transexuais a ação da homofobia internalizada de alguns sujeitos neuróticos. Pois, nesse caso, a homofobia parece ter encontrado na transexualidade uma possibilidade de defesa extrema, tanto no sujeito como na cultura. Essa hipótese se demonstra consistente em ambos os casos quando olhamos para os fatos aberrantes que ocorrem hoje no Irã, onde os homossexuais são conduzidos compulsoriamente à cirurgia de transgenitalização, e quando escutamos os diversos depoimentos de homossexuais que buscaram o processo transexualizador por aversão à homossexualidade.

4. Desafios

Transexualidade no Brasil

Até 1997, as cirurgias de adequação sexual eram proibidas pelo Conselho Federal de Medicina (CFM) no Brasil, e os médicos que se dispusessem a realizá-la poderiam ser julgados por lesão corporal grave, como aconteceu com o cirurgião Roberto Farina na década de 1970. Quem desejasse passar pelo procedimento recorria às clínicas clandestinas ou a médicos no exterior.[1] A partir de 1997, o CFM autorizou, em caráter experimental, a realização da cirurgia de transgenitalização e de procedimentos complementares, tais como a hormonioterapia. Em 2002, a cirurgia de neocolpovulvoplastia e a hormonioterapia para os casos *male to female* (MtF) deixaram de ter caráter experimental, mas a neofaloplastia e a hormonioterapia para os casos de transexuais *female to male* (FtM) não.*

---

* As denominações *male to female* (MtF) e *female to male* (FtM) obedecem à lógica médica, que orienta a nomenclatura a partir do dado biológico, ou seja, homem transexual é aquele indivíduo que nasceu sob o sexo masculino mas identifica-se como mulher, e mulher transexual é o indivíduo que nasceu com o sexo feminino mas identifica-se como homem. Essa nomenclatura é restrita ao âmbito médico. Na cultura, ao contrário, a baliza é o

Em 2010, apenas a cirurgia de neofaloplastia permaneceu em caráter experimental. Segundo o CFM, para ser considerado transexual o sujeito deve apresentar: desconforto com o sexo anatômico natural; desejo expresso de eliminar os genitais; desejo expresso de perder as características primárias e secundárias do próprio sexo e ganhar as do sexo oposto; ausência de transtornos mentais; consistência e continuidade de todas essas condições por, no mínimo, dois anos. Durante esse tempo, os pacientes candidatos à cirurgia de transgenitalização devem ser acompanhados por uma equipe multiprofissional composta por médico psiquiatra, cirurgião, endocrinologista, psicólogo e assistente social.

Em 2008, o Ministério da Saúde (MS) instituiu e regulamentou o processo transexualizador no âmbito do Sistema Único de Saúde (SUS), que passou a realizar as cirurgias de redesignação sexual e a hormonioterapia; e desde 2013 os procedimentos oferecidos através desse processo incluem ainda cirurgias complementares de redesignação sexual – tireoplastia (redução do pomo de adão com vistas à feminilização da voz), mastectomia e plástica mamária reconstrutiva e histerectomia (retirada de útero e ovários). O acesso ao processo exige alguns requisitos: maioridade, acompanhamento psicoterápico por pelo menos dois anos, laudo psicológico/psiquiátrico favorável e

---

discurso do indivíduo transexual, respeitando sua subjetividade: homem transexual é aquele que nasceu biologicamente mulher mas identifica-se como homem, e mulher transexual é aquela que nasceu biologicamente homem mas identifica-se como mulher.

Desafios

diagnóstico de "transexualismo". Em 2013, através da Portaria 2.803/2013 do Ministério da Saúde, as travestis passaram a ser consideradas usuárias elegíveis ao "processo transexualizador", que até então previa atendimento apenas para transexuais. A polêmica se instalou em torno da necessidade do diagnóstico *patologizante* para se ter acesso ao apoio completo da máquina de saúde estatal.

Segundo dados oficiais do governo brasileiro, entre 2008 e 2016 foram realizados 349 procedimentos hospitalares e 13.863 procedimentos ambulatoriais relacionados ao processo transexualizador. Como resultado da combinação entre o aumento do número de pessoas que querem fazer a cirurgia e a pequena capacidade da saúde pública de fornecer o atendimento e processos adequados, surge o que podemos denominar de "mercados paralelos" da transexualidade – um deles relacionado à hormonioterapia e outro à cirurgia.

Muitos transexuais que não conseguem o acesso ao SUS para o processo transexualizador acabam fazendo uso de hormônios e próteses de forma inadequada. Na prática, isso significa que as mulheres transexuais recorrem à colocação de silicone industrial e ao uso de anticoncepcional como solução para obter os hormônios femininos que não produzem (ou produzem em níveis baixos), e que os homens transexuais fazem uso da testosterona que, embora vendida apenas sob prescrição médica, é encontrada ilegalmente com muita facilidade por ser utilizada em larga escala pelos frequentadores de academias de ginástica para aumento da massa muscular.

Nesse último caso, a situação é mais grave, porque não há controle da qualidade da testosterona e seus derivados. Como esse quadro ainda é relativamente recente na área da saúde, não sabemos que consequências tudo isso pode acarretar ao organismo, visto que no caso dos transexuais o uso de hormônios precisa ser permanente para a manutenção dos caracteres sexuais secundários.

Em relação à cirurgia, a situação também é distinta para homens e mulheres. Como as técnicas para neofaloplastia ainda acontecem em caráter experimental e não têm qualidade estética e funcional satisfatória, ocorrem verdadeiras atrocidades, resultando na deformação irreversível da genitália (comprometendo estética e função). No caso das mulheres transexuais, além do mercado que se instaura em função das variadas técnicas para a neocolpovulvoplastia, muitas vão para a Tailândia, atraídas pela expertise médica, os preços mais acessíveis e também o turismo sexual que lá se construiu em torno das chamadas *ladyboys*, um fetiche que faz destas o sustento da família. Também no Brasil é muito comum que as mulheres transexuais recorram à prostituição para garantir seu sustento ou conseguir pagar as alterações corporais; a discriminação e o preconceito são intensos e costumam fechar as portas do mercado de trabalho formal para elas.

A portaria nº 457/2008 do Ministério da Saúde inclui os aspectos emocionais e psicossociais a serem acompanhados pela equipe multiprofissional. Dois dentre eles merecem questionamento cuidadoso: o sujeito "se aceitar como transexual" e

Desafios 103

a chamada "vivência social da feminilidade ou da masculinidade". Ambos parecem fazer uma definição científica da transexualidade prevalecer sobre a maneira como cada transexual irá subjetivar sua forma de ser homem ou ser mulher, reforçando a crença de que existe um "verdadeiro transexual". Essa ideia surgiu simultaneamente à criação da "síndrome": Harry Benjamin chamou de "verdadeiros transexuais" aqueles que, diferentemente dos travestis (que apenas se assemelham ao sexo oposto através das vestimentas), acreditam que pertencem ao sexo oposto. O principal fator que possibilitaria o diagnóstico essencial entre travestismo e "transexualismo" seria o desejo de, através de cirurgias, fazer a adequação do corpo ao gênero – incluindo a genitália.

Enquanto psicanalistas, não nos pautamos pela definição da ciência, pois cairíamos na esparrela das verdades universais, incongruente com a abordagem do sujeito. Para a psicanálise não há "verdadeiro transexual" porque não há uma essência apreensível em si que se reduza a uma identidade. Nomear-se como transexual fará parte de um enredo singular. Portanto, o que há são sujeitos queixando-se do desalinho entre corpo e imagem, seja pela impossibilidade de assumir os lugares simbólicos ou pela cristalização imaginária relativa a uma identificação.

Nos dispositivos da lei brasileira não há menção à transexualidade. O que há, até o momento, é uma decisão por unanimidade do Supremo Tribunal Federal, ocorrida no dia 1º de março de 2018, concedendo às pessoas trans autorização para mudar o registro de nome e sexo mesmo sem cirurgia ou decisão judicial. Dentre os princípios que embasaram os votos do STF constam os da autodeterminação, autoafirmação e respeito à dignidade humana. Na prática, agora um transexual pode se dirigir ao cartório para solicitar a mudança de seu registro sem necessidade de comprovar sua identidade através de laudos ou procedimentos, bastando atestar por autodeclaração. Isso aponta para um reconhecimento do indivíduo, responsabilizado e implicado em suas próprias escolhas, sem que haja uma "verdade" maior que as legitime. É um avanço em relação ao entendimento anterior que deixava a decisão ao juízo de quem julgava a causa, gerando situações em que, por exemplo, era autorizada a alteração do prenome mas não a do gênero. Contudo, a decisão do STF é uma medida, mas não uma lei.

Os transexuais reivindicam um lugar e recorrem à ciência e ao direito para legitimar seu enunciado através da adequação corporal e do registro civil. Parecem demandar ao outro o reconhecimento enquanto homem ou mulher – como se o olhar do outro pudesse reiterá-los de uma falta irreparável.

O transexual e a ciência

Algumas perguntas não estão sendo feitas. Reconhecer a legitimidade do discurso de um sujeito e respeitá-lo, seja ele ou não transexual, não implica que a demanda de intervenção médica deva ser atendida prontamente, ainda mais em se tratando de intervenções irreversíveis. Por que as pessoas que buscam

Desafios 105

cirurgia bariátrica – que também pressupõe mudança radical da imagem corporal – devem ser acompanhadas cuidadosamente por equipe multidisciplinar?

É digno de nota que a especialidade médica de cirurgia plástica serve a dois propósitos: reparadora ou estética – esta última, demandada para satisfazer o sentimento psíquico de felicidade. "O fato de que essa felicidade do paciente tenha se tornado o objetivo primário dos procedimentos cosméticos demonstra a extensão das justificativas psicológicas que as cirurgias estéticas utilizam. Essas cirurgias são aceitas como tratamento para problemas psicológicos que têm como seu sintoma central um investimento obsessivo em uma parte do corpo imperfeita ou defeituosa."[2]

A discussão em torno das solicitações de cirurgias para adequação do sexo ao gênero coloca em pauta uma série de elementos que devem ser considerados. Mas o principal, que conduz o discurso de muitos transexuais, é a necessidade de, muitas vezes, adequar com ares de perfeição o corpo biológico à imagem que ele ou ela faz de "ser um homem" ou "ser uma mulher"; por mais que o transexual diga que aquelas "adequações" são para satisfazer sua autoimagem, sabemos que é também para o outro. Todos nós pagamos o preço de ser quem somos, porém uns pagam com palavras e sentimentos e outros pagam com a carne.

O caráter irreversível e a dimensão radical das cirurgias almejadas pelos transexuais – mastectomia, penectomia, histerectomia etc. – são certamente os principais motivos para a existência de um protocolo que inclui a exigência de dois anos de psicoterapia e um laudo final psiquiátrico para a aprovação do ato cirúrgico. Nenhum cirurgião está submetido à mesma exigência para realizar uma plástica de mãos. Esta também pode apresentar certo grau de irreversibilidade, mas permanece dentro de um quadro de continuidade da compleição física e de manutenção das estruturas preexistentes: nenhum cirurgião plástico aceitará fazer uma cirurgia de retirada das mãos de um paciente, pois as funções relativas a elas seriam destruídas. Sabemos do caso de um homem que procurou vários cirurgiões ortopedistas para realizar uma cirurgia de diminuição do tamanho dos membros inferiores, por julgar que sua altura, considerada por ele excessiva, prejudicava sua vida social. Suas tentativas foram em vão, pois naturalmente não obteve resposta favorável de nenhum médico – apenas o encaminhamento para um tratamento psiquiátrico e psicológico. Ainda hoje são relatados casos em que sujeitos querem voluntariamente cortar partes do corpo, amputando uma perna ou um braço. Mas é claro que, quando chegam à amputação, o fazem eles mesmos, sem conseguirem auxílio médico para tanto.

O que, então, autoriza um cirurgião a fazer uma penectomia? No caso do comprometimento da capacidade de obtenção de prazer – e algumas vezes da função orgânica –, a iatrogenia*

---

* Iatrogenia no sentido sublinhado por Michael Balint, de ato médico que produz malefícios ao paciente.

Desafios 107

é nesse sentido intrínseca à transgenitalização e tem sido considerada a responsável pelos estados extremos pós-cirúrgicos descritos por especialistas e pelos próprios transexuais: depressão profunda e tentativa de suicídio.

Um cirurgião, então, apenas aguarda, com o bisturi nas mãos, o "sim" proveniente do campo psi para fazer uma cirurgia de redesignação sexual, conforme determina a lei. Mas esse processo pode se tornar um falso regulador, porque a situação é invertida: de um lado, o paciente já diagnosticou seu problema e estabeleceu qual o tratamento que deve ser realizado; de outro, o terapeuta visa interrogar essa certeza e confirmar a adequação do tratamento proposto ao diagnóstico autoengendrado. As consultas no caso do Brasil devem durar dois anos, mas não há uma periodicidade exigida e nada impede que durante esse período elas se restrinjam a poucos encontros entre paciente e terapeuta. Tais encontros podem servir apenas para avaliar se a demanda de mudança de sexo se mantém e se o pertencimento ao sexo oposto se legitima, conforme o comportamento do sujeito seja ou não considerado adequado para o novo gênero. Não raramente escutamos transexuais relatando que fazem performances de gênero para "convencer" a equipe. Visando o acesso ao processo transexualizador, falam exatamente aquilo que o profissional quer ouvir.

A psicanalista Colette Chiland foi severamente criticada na França por suas declarações sobre a transexualidade e sua recusa em oferecer um laudo de aprovação da cirurgia.[3] Mas pode-se entender que um especialista em psicologia se negue a aprovar simbolicamente um procedimento que será irreversível no real do corpo em nome de um imaginário que trará – sem garantias disso – apaziguamento ao sujeito transexual. As estatísticas relativas ao período pós-cirúrgico têm se revelado preocupantes. Mesmo transexuais que aparecem na mídia envoltos pelo glamour hollywoodiano apresentaram, alguns deles, episódios de depressão profunda após a cirurgia.

Um estudo de 1979 sobre o bem-estar geral obtido por pacientes que realizaram cirurgia de mudança de sexo, feito por Jon K. Meyer e Donna J. Reter, revelou que não houve vantagem em matéria de reabilitação social para os pacientes operados, o que levou à decisão do Departamento de Psiquiatria do Johns Hopkins Medical Center de suspender as cirurgias (e só em 2017 elas foram retomadas). A metodologia do estudo, no entanto, foi criticada pela forma arbitrária e idiossincrática de avaliar o bem-estar dos sujeitos.[4] Posteriormente, uma pesquisa sueca sobre os resultados obtidos nos pacientes que efetivaram a mudança de sexo – considerada como das mais sólidas já realizadas, feita em 2011 por Cecilia Dhejne e colegas do Instituto Karolinska e da Universidade de Gotemburgo, com uma amostragem numericamente significativa – trouxe resultados relevantes para a sustentação de uma prudência rigorosa quanto à realização desses tratamentos e cirurgias: os pacientes operados são cerca de três vezes mais suscetíveis a requererem internação psiquiátrica do que os pacientes do grupo-controle; apresentam também três vezes mais riscos de mortalidade e – mais significativo ainda – são 4,9 vezes mais suscetíveis ao suicídio.[5] Os

Desafios 109

dados dessa pesquisa conduzem a que se adote "uma atitude cética sobre a afirmação de que os procedimentos de mudança de sexo trazem vantagens enormes ou resolvem os problemas subjacentes que contribuem para os riscos elevados de saúde mental na população transgênero".[6]

Por outro lado, reconhecemos que há também aqueles que, por não conseguirem realizar o processo transexualizador, adoecem de um sofrimento avassalador e cometem automutilação ou suicídio. Mas se os serviços de saúde oferecessem o acolhimento adequado a essas pessoas, guiado pela escuta e não pela necessidade de dar uma resposta, talvez o cenário fosse outro.

A oferta da escuta não deveria ser exclusividade dos profissionais da área psi. Ela deveria permear a atividade de qualquer profissional de saúde, visto que tudo que se passa na ordem do corpo ganha palavras. Uma escuta cautelosa possibilitaria desfechos menos radicais ou uma tomada de decisão menos baseada na resposta imediatista à demanda do paciente. Nem sempre, no entanto, os profissionais têm condições de oferecer essa escuta – pelo excesso de trabalho, por dificuldades pessoais, pelo tempo que escutar exige –, e são tomados pela angústia; e lidar com ela, sabemos, não é uma tarefa nada fácil. Atender prontamente à solicitação é muitas vezes a forma encontrada para aplacar esse afeto, quase sempre insuportável, e livrar-se do próprio mal-estar.

Levemos nossa interrogação um pouco mais longe, a partir do relato de Catherine Millot sobre a apresentação de doentes feita por Lacan na clínica Sainte-Anne: "Lá também aprendíamos muito sobre a ética e sua prática de analista. Ele nunca tergiversava com a verdade e não permitia que o doente se esquivasse. Insistia nos pontos de real, no que constituía bloqueio. Confrontava o doente com os desmentidos que a realidade opunha às suas construções delirantes. Por exemplo, a um transexual que reivindicava sua condição de mulher, não parou de lembrar durante a entrevista que ele era um homem, quisesse ou não, e que nenhuma operação faria dele uma mulher."[7] Tal colocação, para muitos questionável e que pode parecer violenta hoje aos transativistas, vinda de uma das maiores autoridades em psicanálise que já existiram, deve nos levar a pensar sem medo: é possível mudar de sexo? É possível um homem "transformar-se" em mulher ou uma mulher em homem? Será que não se trataria aí de uma crença fantasística ou delirante que a ciência encampa fazendo as pessoas acreditarem que ela é viável? A ciência não deveria defender uma posição oposta, de que é impossível mudar de sexo e que qualquer tentativa pode ser mutiladora e insatisfatória?[8] A ciência não deveria encorajar os sujeitos a procurar outras formas de satisfazer seu desejo de mudar de sexo – não no real do corpo, mas em transformações simbólicas como as que são feitas pelos transgêneros?

Tal estado de coisas só nos faz entender mais uma vez a aliança íntima que existe, frequentemente, entre a ciência e a loucura; basta vermos quantos grandes matemáticos eram ao mesmo tempo delirantes em sua vida privada. Marco Antonio Coutinho Jorge apontou com bom humor:

Desafios

"A ciência enlouqueceu, perdeu os limites. Hoje, ela mistura espécies, clona os animais a bel-prazer e ainda quer fazer isso com o ser humano. O ápice dessa loucura, desconfio, é seu intento de transformar a reprodução sexuada em reprodução assexuada. Isso é a própria loucura. Não é à toa que, na cultura, existe a figura do cientista maluco. O cientista maluco é um traço da linguagem no inconsciente que denuncia que a ciência tem uma forte tendência à loucura. Loucura essa que se torna patente hoje em dia. Evidentemente que fomos advertidos quanto a isso desde a época em que o homem foi à Lua. Ali, começava uma grande loucura, porque ir à Lua, é claro, é coisa de lunático, coisa que o destino de alguns astronautas, ao retornarem dessa estranha aventura, parece corroborar."[9]

Nessa mesma direção surge outra questão, mais profunda: ao partilhar dessa crença de que um sujeito nasceu com um sexo biológico, mas pertence ao sexo oposto, e até estimulá-la, a ciência não está encampando a crença na ideia ilusória de que os sexos masculino e feminino são complementares, ou seja, a crença na existência da relação sexual? No fundo, não será que a ciência satisfaz a demanda dos transexuais porque essa demanda serve para ela veicular sua crença na relação sexual possível? Nesse sentido, os transexuais estariam veiculando a impostura inerente à crença científica na definição precisa e acabada do que é um homem e do que é uma mulher.

Transexualidade, *fake news* e infância

Muitas informações que se pretendem científicas invadem a mídia e produzem um grande estardalhaço junto à população, sobretudo porque são tratadas como notícias bombásticas e reveladoras de enormes avanços da ciência atual. Mas as coisas não são bem assim. A coalizão entre mídia e ciência pode produzir resultados muito negativos junto à população, e muito do que se afirma científico não passa de cientificismo, que estudos sérios demolem.

É o que faz o já mencionado recente estudo de Lawrence Mayer e Paul McHugh, do Hospital Johns Hopkins, "Sexuality and Gender: Findings from the Biological, Psychological and Social Sciences", cujas conclusões resumimos a seguir:

1. Os dados científicos não demonstraram que a identidade de gênero seria uma propriedade inata e fixa do ser humano.
2. Ainda que estudos comparativos das estruturas cerebrais de indivíduos transgêneros e não-transgêneros tenham demonstrado fracas correlações entre a estrutura cerebral e a identificação sexual invertida, tais correlações não aportam nenhum elemento de prova da existência de uma base neurobiológica na identificação sexual invertida.
3. Por comparação com a população geral, os adultos que sofreram uma intervenção de mudança de sexo continuam em risco mais elevado de sofrerem distúrbios mentais. Transexuais são cinco vezes mais suscetíveis a tentar o suicídio e dezenove vezes mais suscetíveis a morrer por suicídio.

Desafios 113

4. As crianças são objeto de uma preocupação especial dos especialistas e, contrariamente ao que muitas vezes é divulgado, apenas uma minoria de crianças que tiveram uma identificação sexual "invertida" a mantém na adolescência ou na idade adulta. Não há, além disso, dados que comprovem benefícios para que crianças que têm pensamentos ou comportamentos sexuais atípicos devam ser estimuladas a se tornar transgêneros. E, ainda, existem poucos dados científicos que mostrem o valor terapêutico de intervenções que retardam a puberdade ou modificam características sexuais secundárias de adolescentes.

O preocupante é o crescimento do número de crianças encaminhadas às clínicas de identidade de gênero. No Reino Unido, chegou a quadruplicar em cinco anos, levando um representante do Departamento de Educação a declarar que isso se tornou uma indústria e pessoas estão fazendo carreira ao encorajar questões de gênero em uma idade em que crianças deveriam apenas ser crianças.[10]

O principal argumento que sustenta a indicação de intervenção já na infância visa a diminuir preconceitos, perseguições e desconfortos que podem advir do aparecimento, com a puberdade, dos caracteres sexuais secundários. A saída da infância e a entrada na adolescência colocam questões inquietantes relativas à imagem do corpo e ao sexo, e a intervenção no sentido de confirmar uma possível transexualidade pode ser desastrosa, muito mais do que nos adultos. Uma violência tão grande quanto fazê-la "encaixar-se" em um padrão de gênero.

Miroslav Djordjevic, urologista e professor da Escola de Medicina da Universidade de Belgrado, tem profundas reservas sobre tratar crianças com hormônios antes que atinjam a puberdade. Reconhece que, eticamente, qualquer criança a partir dos três anos de idade deve ter ajuda psicológica se necessário, da melhor forma possível. Porém discorda do uso em tenra idade de qualquer droga que interfira na saúde de uma forma geral.[11]

Os bloqueadores hormonais são indicados para o tratamento da puberdade precoce, porém ainda não é possível afirmar se são seguros para a fisiologia de crianças com saúde normal que apresentam disforia de gênero. O estudo com hormônios antagônicos em adultos revelou uma propensão ao desenvolvimento de doenças cardíacas, hipertensão arterial, trombose, acidentes vasculares, diabetes e câncer.[12]

Segundo Michelle Cretella, presidente do American College of Pediatricians, há um movimento de afirmação da transição que, apesar do propósito de ajudar as crianças, acaba provocando uma grave questão. Os profissionais usam o mito de que se nasce transgênero para justificar de forma massiva a experimentação com crianças que apresentam uma condição psicológica que na maioria dos casos se resolve após a puberdade. Ela aponta a existência de instituições que estimulam a criança a personificar o sexo oposto, indicando para muitas delas o uso de bloqueadores hormonais, esterilização e remoção de partes saudáveis do corpo, causando prejuízos psíquicos indizíveis. Para a médica, isso constitui abuso infantil – uma questão ética urgente, portanto.

Nenhuma criança se define como transgênero. Ela recebe esse rótulo de adultos, que na maioria das vezes são os próprios pais e, posteriormente, especialistas. As crianças estão amplamente imersas em suas fantasias e podem ter identificações lábeis; é preciso respeitar os movimentos identificatórios delas para poder obter uma saída saudável.

Homofobia velada e empuxo à transexualidade

O estudo do *Diagnostic and Estatistical Manual of Mental Disorders* (DSM) revela a íntima associação entre homofobia e transexualidade, uma vez que a entrada da categoria Transexualismo (em 1980) deu-se concomitantemente à permanência da categoria de Homossexualidade ego-distônica. Vejamos: o DSM-I (1952) incluiu a homossexualidade, juntamente com outras categorias como o travestismo, na categoria dos Desvios Sexuais (em 1965 o termo recebeu o sufixo '-ismo', que denota o caráter patológico, e passou a "homossexualismo"). Foi apenas a partir do DSM-III-R (1987) que a homossexualidade foi retirada inteiramente da lista de categorias diagnósticas. Porém, somente em 1990 a Organização Mundial de Saúde determinou que nenhuma orientação sexual deveria ser caracterizada por si mesma como um tipo de transtorno.

Bernice Hausman, estudiosa ligada às questões de gênero e instigada pela hipótese de que o transexualismo emergiu no século XX a partir dos avanços da tecnologia médica – que tornaram a "mudança de sexo" física possível – associados a práticas discursivas, apontou a estreita relação entre homossexualidade, homofobia e transexualidade. Ela sugere que, assim como a homossexualidade, a transexualidade é uma categoria da ordem da experiência e da identidade, resultante de condições culturais e sociais específicas. Ressalta que não há uma analogia entre elas quer enquanto sexualidade, objeto de estudo ou como experiência sexual de uma minoria. A diferença entre elas relaciona-se ao discurso médico e sua prática, pois os transexuais devem buscar e obter tratamento médico para serem reconhecidos enquanto tal; não há qualquer poder ligado à medicina quando se trata da homossexualidade.

Para a autora, a homofobia é uma questão central na discussão da transexualidade: "Enquanto a homossexualidade pode (e deve) ser entendida fora do contexto médico, eu argumento que o *transexualismo* necessariamente depende de uma relação com o desenvolvimento dos discursos e das práticas médicas. Contudo, também é verdade que o *transexualismo* só acumulou significado dentro da prática médica a partir da existência do discurso médico sobre a homossexualidade – definitivamente, tanto aos olhos dos médicos quanto daqueles que se identificam como transexuais, transexualidade não é homossexualidade. Esse fato demonstra a homofobia central no entendimento médico oficial da subjetividade transexual."[13]

Movimentos de liberação são frequentemente acompanhados de intensa repressão. Os crimes relacionados a identidade de gênero e orientação sexual divergentes da heterocisnormatividade (motivados, em termos psicanalíticos, pelo repúdio ao feminino) são crimes bárbaros! Estupro corretivo de lésbicas, assassinatos cruéis de gays e de mulheres transexuais... No Brasil, somente em 2012 foi elaborado o primeiro relatório sobre violência homofóbica – vejam que a transfobia não está contemplada –, o que mostra um descaso em relação a atos de extrema gravidade contra os direitos humanos.

Na clínica, e também fora dela, costumamos ouvir de transexuais uma colocação contundente, com tom de justificativa para as suas relações amorosas e que acentua a escolha heterossexual: "Eu não namoro gays, porque sou uma mulher. Por ser heterossexual, gosto de homens e eles, logicamente, não podem ser gays." Mas nem todos os casos de transexualidade podem ser atrelados a uma homossexualidade declarada prévia. Temos notícias de casos em que a orientação sexual, anteriormente hétero, passa a ser homo após a transição (ou seja, a pessoa segue se relacionando com o mesmo sexo com que se relacionava antes da cirurgia). Vale também ressaltar os casos de bissexualidade, igualmente frequentes.

Contudo, como enfatiza Hausman, "essa articulação por parte dos transexuais demonstra a insistência deles em se distinguir de outras 'condições' sexológicas reconhecidas pelo *establishment* médico: ser reconhecido como homossexual dificultaria a realização do seu objetivo de mudança de sexo. Entretanto, qualquer intenção estratégica nessa negação da homossexualidade inevitavelmente apoia a homofobia através dos repetidos usos em pronunciamentos públicos de transexuais. Ao reconhecer e aceitar essa negação, médicos e outros clínicos demonstram o preconceito homofóbico que baseia as práticas da mudança de sexo no desejo de ver corpos que apresentam o sexo em acordo com as categorias sociais das devidas performances de gênero. … Esse preconceito é um componente central no estabelecimento de protocolos de atendimento de intersexuais desenvolvido por John Money e seus colegas no Hospital Johns Hopkins em meados dos anos 1950, protocolos nos quais 'gênero' foi introduzido pela primeira vez no discurso médico para significar a performance social indicativa de uma identidade sexual determinada internamente."[14]

Pagar o preço da homossexualidade não é para qualquer um. Em 2013, a International Lesbian Gay Bissexual Trans and Intersex Association (Ilga) divulgou um estudo[15] que mapeava a situação mundial da população LGBTI+ em relação à legislação vigente em cada país. Em 76 países uma orientação sexual ou identidade de gênero desviante da norma era considerada crime passível de punição, com prisão, exílio, linchamento público ou morte.* Em 2017, a BBC publicou uma reportagem denunciando a existência de campos de concentração para homossexuais na

---

* Apenas dois deixaram de integrar a lista: Moçambique, em 2015, e Belize, em 2016.

Chechênia, integrante da Federação Russa.[16] O relato revelou batidas policiais e prisões secretas em que homossexuais são espancados e torturados até a morte. O governo checheno negou as acusações e, para surpresa geral, declarou, repetindo o que o presidente russo já afirmara em outra ocasião, que naquela república simplesmente não existem homossexuais, o que em consequência lhe permitiu classificar como mentirosos os relatos sobre as detenções. Não é difícil ver que o que está em jogo é a negação da homossexualidade, seja de que modo for!

A mesma declaração foi dada em 2007 por Mahmoud Ahmadinejad, então presidente do Irã – um dos países em que a homossexualidade é considerada crime, com punição que pode incluir a condenação à morte. Uma reportagem da BBC em 2014 revelou que, para escapar da pena de morte no país, gays e lésbicas deveriam se submeter à cirurgia de mudança de sexo: a homossexualidade é crime, mas aceita-se a ideia de que alguém "tenha a alma encerrada num corpo do sexo errado".[17] A orientação seguida pelos médicos prevê que homossexuais tenham sua "doença" comunicada e tratada; o governo iraniano incentiva a troca de sexo através de medidas como a legalização da documentação antes da cirurgia e a liberdade do uso das vestimentas na rua, e os encaminhados às autoridades religiosas são incentivados a fortalecer sua fé (?!). O fato de a cirurgia ser imposta aos homossexuais é preocupante. É claro que o encaminhamento compulsório dos homossexuais à intervenção corporal é totalmente diferente da escolha deliberada e consciente, tributária de uma narrativa inconsciente do sujeito, mas aqui surge novamente a questão crucial: o empuxo à transexualidade observado na cultura contemporânea teria uma relação íntima com uma tentativa velada, mas violenta, de eliminar a homossexualidade? Se esse for o caso, devemos analisar o papel que a homofobia desempenha aí – não apenas a homofobia da cultura heterocisnormativa dominante como, igualmente, a homofobia internalizada dos próprios homossexuais, sobre a qual pouco se fala.[18]

Aqui cabe uma observação importante: o termo "homofobia", corriqueiramente utilizado para falar do preconceito contra homossexuais, tem sido questionado no meio psicanalítico sob o argumento de que "fobia" expressa uma atitude passiva, com conotação de fuga e medo diante do objeto fóbico, ao passo que os atos cometidos contra homossexuais são caracterizados por serem violentos e covardes, muitas vezes com requintes de crueldade. Por isso, "homofobia" talvez deva ser reservado ao sentido da rejeição da *própria* homossexualidade, ou seja, da homofobia internalizada, adotando-se "homódio" como um neologismo mais adequado para falar sobre o repúdio à homossexualidade num sentido amplo.[19] Além disso, poderíamos fazer uma analogia entre o homódio e a repressão, ambos intersubjetivos, e a homofobia e o recalque, ambos intrassubjetivos.*

---

* Confrontando as teses de Wilhelm Reich com as de Freud, Lacan distinguiu com precisão o recalque da repressão, asseverando que o recalque não provém da repressão, e sim o contrário. Cf. Jacques Lacan, *Televisão*, p.52.

Desafios 121

Podemos detectar hoje, em muitos casos, uma aliança entre a homofobia – social ou internalizada pelo próprio homossexual – e o aumento de casos de transexualidade. Percebemos entronizada na cultura (e o Irã é um exemplo extremo disso) a visão de que o "erro da natureza" presente na homossexualidade pode – e, portanto, deve – ser corrigido no próprio corpo do homossexual. Por essa lógica, a atração entre pessoas do mesmo sexo revelaria uma transexualidade – em vez de homossexualidade – e o sujeito deveria ser submetido a uma adequação na sua anatomia para cumprir com a ideia da complementaridade dos sexos. Há nesses casos, muito claramente, a impossibilidade de admissão da homossexualidade, como efeito da crença religiosa e pseudocientífica na relação sexual.[20]

Já a homofobia internalizada do próprio homossexual comparece em muitas análises, de modo manifesto ou latente, produzindo seus efeitos consciente e inconscientemente. O supereu, instância que representa a internalização das vozes condenatórias ouvidas pela criança desde muito cedo, se impõe com frequência com uma ação verdadeiramente sádica, que produz os mais diversos estragos na vida dos sujeitos. É comum escutarmos na clínica casos de homossexuais que receberam do pai e/ou da mãe juízos de condenação como "Prefiro ver meu filho morto a vê-lo homossexual"; "Prefiro chorar apenas uma vez a viver chorando a vida toda"; "Você não deveria ter nascido"; "Você é um monstro!".

Para concluir a partir de Lacan, a homossexualidade deve ser considerada a forma mais subversiva de evidenciar a impossibilidade da relação sexual e, portanto, a inexistência de complementaridade entre homem e mulher.[21] Já a transexualidade parece ter com frequência uma função apaziguadora, tornando heterossexuais, a partir de uma adequação anatômica, relações antes homossexuais. Nesse caso, estamos diante de um retorno ultraconservador à heterocisnormatividade travestido de vanguarda transexual.

Vamos falar de destransição?

Em setembro de 2017, o jornal de maior circulação no Brasil trouxe uma reportagem de página inteira sobre destransição.[22] O número de pessoas que destransicionam é cada vez maior, assim como os grupos que discutem o assunto – mas há uma forte reação contrária a esse movimento. Ela vem, em parte, da própria população transexual, que parece entender que aquele que destransiciona retira a legitimidade do "discurso trans" e engrossa o pelotão dos que são contrários ao processo transexualizador – o que poderia representar um retrocesso ou freio na conquista de espaço e direitos. E há reação também por parte da grande indústria financiadora dos procedimentos médico-cirúrgicos, bem como, ainda, da aliança entre homofobia e transexualidade. Mas é preciso falar de destransição.

Miroslav Djordjevic, professor da Escola de Medicina da Universidade de Belgrado e cirurgião referência mundial

Desafios 123

em reconstrução genital, aponta um aumento do número de pacientes que o procuram buscando a destransição – sete só num intervalo de poucos meses, diversos ao longo de anos –, homens que decidiram retornar à condição masculina (mas é fato que a irreversibilidade das cirurgias de transgenitalização só permite faloplastias, semelhantes às realizadas na Primeira Grande Guerra em soldados que sofreram graves lesões). O cirurgião questiona se a raiz desse fenômeno seria o rigor duvidoso no processo de transição ("Ouvi histórias de pessoas que consultaram cirurgiões que só checaram se elas tinham dinheiro para pagar") e se mostra apreensivo com a queda na média etária de seus pacientes, hoje cerca de 21 anos, e preocupado com uma possível redução da idade mínima legal para autorizar a cirurgia a menores de dezoito anos ("Trata-se de mais que cirurgia; é uma questão de direitos humanos. Eu não os aceitaria como pacientes porque receio o que aconteceria com seu cérebro e sua mente").[23]

A partir de sugestão de Djordjevic, o psicoterapeuta inglês James Caspian decidiu empreender uma pesquisa sobre o crescente número de transexuais que fizeram a transição e após algum tempo se arrependeram. Mas acabou protagonizando um episódio que revela forças altamente repressivas operando na cultura em relação à transexualidade, em que a pressão de grupo se sobrepõe ao sujeito.

As estatísticas dos anos 1980 e 1990 sobre os casos de destransição sempre trouxeram números entre 1% e 5%, mas as pesquisas preliminares de Caspian e a crescente quantidade de sites e blogs falando sobre arrependimento da transição mostraram que tais valores estavam desatualizados.

Em novembro de 2015, a Universidade de Bath Spa, na Inglaterra, aceitou o projeto inicial de mestrado de Caspian, "Um exame das experiências de pessoas que se submeteram à cirurgia de reversão de redesignação de gênero". Um ano depois, no entanto, o projeto, reintitulado "Um exame da experiência de pessoas que se submeteram ao procedimento de redesignação de gênero e/ou reverteram uma transição de gênero", foi recusado por ser "potencialmente politicamente incorreto". De um título ao outro, vê-se que a abrangência da pesquisa de Caspian tornou-se mais "ameaçadora". A universidade alegou que a difusão de críticas nas redes sociais poderia ser prejudicial para a reputação da instituição.

Essa postura corrobora o que escreveram os autores do relatório "Sexuality and Gender", abordado no capítulo anterior, que revelaram que muitos colaboradores pediram para não ter seus nomes divulgados, pois "temiam a resposta enfurecida dos elementos mais militantes da comunidade LGBTI+; outros temiam a resposta colérica dos membros mais vociferantes das comunidades religiosas conservadoras. E, sem dúvida, o mais perturbador é que alguns temiam as represálias de suas próprias universidades por se envolverem em questões controversas, independentemente do conteúdo informado (um triste testemunho sobre a liberdade acadêmica)."[24]

James Caspian também fez parte de um grupo que reunia profissionais de saúde, religiosos e grupos LGBTI+. O tópico

Desafios

principal discutido nas reuniões era a chamada "terapia de conversão", prática heteronormatizante que visa a "desinverter" homossexuais e transgêneros. Todos no grupo concordaram que a terapia de conversão deve ser banida, mas recusaram as recomendações de Caspian de fazer constar em relatório dos encontros que algumas pessoas se arrependem da transição e que há pacientes que apresentam outras questões psicológicas subjacentes.

Numa atitude corajosa de enfrentar a opinião geral, recebendo inclusive telefonemas intimidatórios, Caspian manifestou-se preocupado com o fato de que o psicoterapeuta fique impedido de explorar as razões potencialmente mais profundas e as questões subjacentes de um paciente que diz querer mudar de sexo, sob risco de ser acusado de promover a terapia de conversão. E pergunta, inclusive: se uma mulher trans o procura com o intuito de destransicionar, o psicoterapeuta pode ser acusado de terapia de conversão?

Do ponto de vista psicológico, Caspian salienta que muitas pessoas que desejam transicionar têm história de problemas mentais, como autoflagelação, ansiedade social, distúrbios alimentares etc. Além disso, há considerável número de pessoas que procuram clínicas de gênero e estão no espectro autista.

Relatos sobre destransição começam a ser mais frequentes, assim como a procura por profissionais que possam ajudar nesse processo. Uma das razões para que esse assunto seja pouco discutido é a vergonha sentida por aqueles que se arrependeram. Muitas vezes, a transição funcionou apenas como uma breve suspensão da angústia gerada pelo sentimento de "estar preso em um corpo errado".

Alexis Arquette, grande ativista pelos direitos das pessoas transgêneras, performer e atriz, que atuou em *Pulp Fiction* e *Afinado no amor*, entre outros, falou sobre as dificuldades que encontrou depois da transição. Após vários problemas de saúde, voltou a se apresentar como homem, declarando que gênero é uma mentira, a cirurgia não muda nada e a readequação sexual é fisicamente impossível: tudo o que você pode fazer, segundo Arquette, é adotar características superficiais.[25]

Cari Stella é uma jovem americana que em 2016 passava pelo processo de desfazer a transição, iniciada aos dezessete anos; seu caso suscita ainda a discussão sobre a condução da questão da transexualidade em crianças e adolescentes, que ela mesma chamou de "transição pediátrica": "Pessoas como nós não são apenas estatísticas ou dados, somos pessoas de verdade. Essa é uma consequência real da transição, eu sou uma mulher viva, de 22 anos, com uma cicatriz no peito, uma voz rasgada e uma barba por fazer porque eu não conseguia encarar a ideia de crescer e ser uma mulher... Eu tenho cabelo raspado e não uso maquiagem, nem lembro a última vez que raspei as pernas. Ninguém se encaixa em papéis de gênero perfeitamente porque eles são inventados, nós os inventamos, eles não são reais... A ideia de que nós podemos existir fora do perímetro da identidade de gênero é tão ameaçadora para os transativistas que eles nem sequer falam disso. Preferem fingir que de algum modo ainda somos trans a reconhecer a

Desafios

realidade da nossa situação... Meu plano pagou 100% da minha mastectomia. Eles teriam pagado por tudo, pagado por uma histerectomia, teriam pagado pela cirurgia genital. ... Minha transição foi um sucesso. Também não destransicionei por sentimentos tristes e nebulosos. Destransicionei porque não podia mais continuar fugindo de mim mesma e me dissociando de mim mesma... Não existem muitos lugares na sociedade para mulheres que têm essa aparência. Que não se encaixam, não se conformam. Quando você vai a um terapeuta de gênero e diz que tem esses sentimentos, eles não te dizem que é ok ser 'caminhoneira', que é ok não se encaixar no gênero, não gostar de homens e da maneira como os homens te tratam. Eles não te dizem que existem outras mulheres que sentem que não se encaixam, que sentem que não sabem como ser uma mulher. Eles te falam de testosterona, só isso. ... Eu sou uma mulher, a transição foi um mecanismo de aceitação mal-adaptado. Isso não faz parte da minha identidade. Há lugares em que é fácil demais transicionar. Nos Estados Unidos, isso depende do estado onde você mora ... eu fui colocada sob hormônios após três meses de terapia, aos dezessete anos. Na verdade, como eu só via a terapeuta uma vez por mês, me foi receitada testosterona depois de três ou quatro consultas, sem nenhuma tentativa real de abordar as questões que eu trazia e que me levaram à transição."[26]

Outra jovem, esta brasileira, foi designada menina ao nascer, mas rejeitou esse lugar e, entendendo que era um menino, buscou o processo transexualizador para resolver o que supunha ser um "erro". Depois de ter feito a mastectomia e uso da testosterona, deparou-se com o fato de que a masculinização de seu corpo não aplacou seu desconforto com ele. Ela, que já foi transativista e critica fortemente o movimento depois de sua destransição, diz: "Senti falta de mim. Meu corpo não é mais o mesmo. Isso é o que me deixa mais triste. Eu odeio o espelho. Odeio meu corpo agora muito mais do que antes porque não sinto que ele me pertença. Queria não ter mutilado meu corpo a esse ponto."[27]

Em janeiro de 2018, o Conselho Federal de Psicologia brasileiro estabeleceu as normas de atuação dos profissionais de psicologia em relação a pessoas transexuais e travestis, vedando qualquer terapia de reversão da orientação sexual e/ou identidade de gênero. Sabemos da importância dessa resolução, que promove a igualdade de direitos, imprescindível! Contudo, ela não contempla as pessoas que se arrependeram da transição corporal, as quais também sofrem e precisam igualmente de apoio. E, nesses casos, como será caracterizado o acompanhamento feito pelo profissional de psicologia? Em mãos erradas qualquer decisão ou pronunciamento de uma instituição ou órgão político/profissional pode se tornar um fio de navalha, mas os casos de destransição não podem ser desconsiderados. Destransição será tratado como reversão? Ou receberá seu devido lugar em alguma resolução oficial? A ideia de destransição não pode ser usada como um instrumento de adequação à heterocisnormatividade, mas os sujeitos que destransicionam, assim como os que transicionam, não deixarão de existir.

Desafios

Para terminar interrogando

Como Freud revelou, não há inscrição da diferença sexual no inconsciente. Assim, no campo do simbólico, no qual o sujeito é representado e do qual ele é efeito, a diferença sexual não encontra uma distinção indefectível como aquela exposta pelas genitálias ou pelo real do corpo (em termos de anatomia, endocrinologia, embriologia e genética). Desde os primeiros relatos sobre desacordo entre corpo e identidade sexual, a medicina busca solução para corrigir o "erro da natureza" de que sofre o transexual, sobretudo através do aprimoramento das técnicas cirúrgicas e da terapia hormonal. A gravidade da questão está no fato de a ciência acabar criando – e até fomentando – a demanda de transformação corporal para os sujeitos, que podem não encontrar apaziguamento de seu conflito através dela. O número crescente de pessoas que buscam a destransição após terem mudado de gênero fala a favor da impossibilidade de resolver a divisão subjetiva face ao sexual através da transformação corporal, e da perene insatisfação que condiciona o desejo na histeria.[28]

Pois se no início, como vimos, a psicanálise concebeu a transexualidade como uma forma sintomática da psicose, hoje fica claro que nem toda transexualidade é psicótica. Ao contrário, hoje a histeria parece ter se apropriado da transexualidade para postular sua eterna pergunta sobre a verdade do sexo. A certeza transexual de pertencer ao sexo oposto é uma tentativa de dar uma resposta consistente à indagação "Qual o meu sexo:

homem ou mulher?", que remonta aos primórdios da psicanálise. Da dúvida da paciente Dora sobre o seu sexo até o questionamento de Freud sobre "O que quer a mulher?", a resposta ao enigma da diferença sexual possui estrutura de ficção: toda resposta cabe, mas nenhuma consiste na verdade absoluta.

O caráter irreversível dos procedimentos transexualizadores lhes atribui uma magnitude diversa, que deve reger a ética médica e psicológica que os sustenta e autoriza. A preocupação com a responsabilidade em jogo na autorização dessas cirurgias não é só nossa e sim, como vimos, de uma série de especialistas no assunto.

Contrariamente ao discurso veiculado hoje em dia em todas as mídias, a psicanálise aposta na possibilidade de dialetizar as fixações imaginárias de sentido, para fazer advir um não-senso impossível de ser preenchido por qualquer significação. Como o jornalista Robert Whitaker, que vê na patologização da vida o sucesso da aliança entre ciência e capitalismo,[29] acreditamos que a maneira pela qual a transexualidade tem sido abordada pela cultura contemporânea é uma das expressões mais conservadoras e pérfidas dessa aliança. Sendo assim, mantemos em aberto a questão principal: para que serve a tentativa de adequação do corpo à alma?

Notas

1. Interrogações (p.17-26)

1. Marco Antonio Coutinho Jorge e Natália Pereira Travassos, "A epidemia transexual: histeria na era da ciência e da globalização?", *Revista Latinoamericana de Psicopatologia Fundamental* 20:2, p.307-30, 2017. Disponível em http://www.scielo.br/scielo.php?script=sci_arttext&pid=S1415-47142017000200307&lng=pt&tlng=pt. Acessado em 20 abr 2018.
2. Declaração médica na reportagem "Como mudar de sexo". Revista *Piauí* 43, abr 2010.
3. Idem.
4. "As histórias de homens e mulheres que mudaram de gênero e, depois, voltaram atrás", reportagem de Luiza Souto e Juliana Arreguy. *O Globo*, 3 set 2017. Disponível em https://oglobo.globo.com/sociedade/conheca-historia-de-homens-mulheres-que-mudaram-de-genero-depois-voltaram-atras-21777549. Acessado em 20 abr 2018.
5. Cf. Cristina Lindenmeyer. "Le corps féminin et la chirurgie esthétique: Une hystérie moderne".

2. Sexo e gênero (p.27-48)

1. Cf. Jacques Ruffié, *O sexo e a morte*.
2. Sándor Ferenczi, *Thalassa*, p.24.
3. Ibid., p.48.
4. Sigmund Freud, "Pulsiones y destinos de pulsión", p.117.
5. Cf. M.D. Magno, *O pato lógico*, p.43.
6. Jacques Lacan. "Vers un signifiant nouveau", *Ornicar? Bulletin Périodique du Champ Freudien* 17/18. Paris, Lyse, 1979.

7. S. Freud, "Sobre la psicogénesis de un caso de homosexualidad femenina", p.162-3.
8. Os termos aparecem respectivamente em Sigmund Freud, "Pulsões e seus destinos" e Jacques Lacan, *Seminário 11: Os quatro conceitos fundamentais da psicanálise.*
9. Sigmund Freud, "Sobre la psicogénesis de un caso de homosexualidad femenina", p.151.
10. Cf. Marco Antonio Coutinho Jorge, *Fundamentos da psicanálise de Freud a Lacan*, vol.1, p.27-36.
11. Sigmund Freud, "Análisis terminable e interminable", p.245.
12. Ibid., p.252-3.
13. Sandor Rado, "Um exame crítico do conceito de bissexualidade", p.157-8.
14. Idem.
15. Irving Bieber, *Homosexualidad: Un estudio psicoanalítico*, p.368.
16. *Três ensaios sobre a teoria da sexualidade* (1905), "Sobre as teorias sexuais infantis" (1908), "Análise de uma fobia de um garoto de cinco anos ('O pequeno Hans')" (1909).
17. Thomas Laqueur, *Inventando o sexo: corpo e gênero dos gregos a Freud.*
18. Gayle Rubin, *Políticas do sexo.*

3. A questão transexual (p.49-98)

1. Ver Jean-Étienne Esquirol, "De la démonomanie".
2. Cf. o documentário *Hijras, o terceiro sexo*, exibido pelo Canal GNT. Disponível em http://gnt.globo.com/programas/gntdoc/videos/2388236.htm. Acessado em 8 mar 2018.
3. Jean-Pierre Lebrun, "Le transsexuel, enfant-modèle de la science", *Essaim 3*, p.58. Cf. também Vera Pollo, "Não há transexual fora do discurso da ciência".
4. Cf. Elena Mancini, *Magnus Hirschfeld and The Quest for Sexual Freedom.*
5. Cf. o filme *The Einstein of Sex*, de Rosa von Praunheim, 1999.
6. D.O. Cauldwell, "Psychopathia transexualis". Os grifos são nossos.

Notas

7. Quanto ao discurso do transexual, cf. Ona Nierenberg e Eve Watson, "Making a difference: on the non-rapport of psychoanalysis and the discourse of 'trans'".

8. Jean-Pierre Lebrun, "Le transsexuel, enfant-modèle de la science", *Essaim* 3, p.59.

9. Marcel Czermak, "Précisions sur la clinique du transsexualisme", *Le Discours Psychanalytique* 3, p.18. Chama atenção que os meninos estudados por Stoller eram considerados especialmente belos por suas mães.

10. Nicolle Kress-Rosen, "Introduction à la question du transexualisme", *Le Discours Psychanalytique* 3, p.13.

11. Jacques Lacan, *O Seminário*, livro 20, p.178.

12. Cf. o documentário dinamarquês *O paraíso não está à venda*, de Teit Ritzau, 1985.

13. Lançado em 2010 e dirigido por Marcus Lindeen, o documentário *Os arrependidos* traz o depoimento de dois homens que fizeram a cirurgia de transgenitalização (MtF) acreditando que eram mulheres e se arrependeram, desejando retornar à aparência masculina.

14. Este colóquio, intitulado "Sobre a identidade sexual: a respeito do transexualismo", foi realizado pela Association Freudienne Internationale, sob a direção dos psicanalistas Henri Frignet e Marcel Czermak. As atas foram publicadas em 1998.

15. Cf. "Homosexuality: Born or bred?", *Newsweek* 23 fev 1992. Disponível em http://www.newsweek.com/homosexuality-born-or-bred-200636. Acesso em 25 abr 2018.

16. "'Não queria filho veado': a trajetória de um pai e a filha trans de 6 anos", reportagem de Bárbara Therrie para Universa, 15 dez 2017. Disponível em https://universa.uol.com.br/noticias/redacao/2017/12/15/ele-nasceu-menina-no-corpo-de-um-menino-diz-pai-de-crianca-transgenero.htm. Acessado em 20 abr 2018.

17. Roberto Kaz, "Retrato de uma menina: ser transgênero aos onze anos de idade", *Revista Piauí* 128, mai 2017.

18. Ibid., p.18.

134   *Transexualidade*

19. Cf. Marco Antonio Coutinho Jorge, *Fundamentos da psicanálise de Freud a Lacan*, vol.1.

20. Um dos primeiros artigos importantes de Sigmund Freud intitulou-se "Meus pontos de vista sobre o papel desempenhado pela sexualidade na etiologia das neuroses" (1906).

21. Cf. Ana Petros, *Las encrucijadas de la sexualidad*.

22. Falta de espaço já levantada por Lia Amorim e Marco Antonio Coutinho Jorge ("Transexualismo: A exigência da harmonia") em 1982.

23. Robert Stoller, *A experiência transexual*, p.2-3. Nessa obra são estudados exclusivamente casos MtF.

24. Moustapha Safouan, "Contribuição à psicanálise do transexualismo", p.80.

25. Jacques Lacan, *O Seminário*, livro 18, p.30.

26. Ver o documentário *Os arrependidos* (*Ångrarna*, 2010), de Marcus Lindeen.

27. Como sublinha Elena Mancini, sua biógrafa, em *Magnus Hirschfeld and The Quest for Sexual Freedom*, p.59.

28. Eugene Savitsch, *Homosexuality, Transvestism and Change of Sex*, p.3.

29. Ibid., p.10.

30. Ibid., p.12.

31. Ibid., p.37.

32. Ibid., p.35.

33. Ibid., p.38.

34. Ibid., p.39.

35. Ibid., p.44.

36. Ibid., p.50-1.

37. Ibid., p.37, 48.

38. Ibid., p.56.

39. Cf. Michel Misse, *O estigma do passivo sexual*.

40. Eugene Savitsch, *Homosexuality, Transvestism and Change of Sex*, p.88.

41. Ibid., p.92.

42. "'Não queria filho veado': a trajetória de um pai e a filha trans de 6 anos", reportagem de Bárbara Therrie para Universa, 15 dez 2017. Disponível

Notas   135

em https://universa.uol.com.br/noticias/redacao/2017/12/15/ele-nas-
ceu-menina-no-corpo-de-um-menino-diz-pai-de-crianca-transgenero.
htm. Acessado em 20 abr 2018.

43. *De gravata e unha vermelha*. Direção de Miriam Chnaiderman. Ano:
2015. Disponível em DVD.

44. François Ansermet, "Escolher seu sexo: usos contemporâneos da
diferença dos sexos", p.28.

45. Especialmente Moustapha Safouan, Catherine Millot, Nicole Kress-
Rosen, Marcel Czermak, Geneviève Morel.

46. Entrevista no programa "De frente com Gabi", 02 out 2011. http://
www.sbt.com.br/defrentecomgabi/entrevistas/?id=15632. Acessado
em 25 jan 2016.

47. Cristina Lindenmeyer, em comunicação pessoal aos presentes autores, 2017.

48. Marco Antonio Coutinho Jorge, na trilogia *Fundamentos da psicanálise de Freud a Lacan*.

4. Desafios (p.99-130)

1. Cf. Lia Amorim e Marco Antonio Coutinho Jorge, "Entrevista com
Renata", feita em 1982, em caráter totalmente sigiloso, com uma
transexual que fora operada nessas condições.

2. Bernice L. Hausman, *Changing sex*, p.141.

3. Cf. Colette Chiland, *O transexualismo*.

4. Cf. Lawrence S. Mayer e Paul R. McHugh, "Sexuality and gender",
p.102.

5. Ibid., p.103.

6. Ibid., p.104.

7. Catherine Millot, *A vida com Lacan*, p.51.

8. Cf. o documentário *Os arrependidos*, de Marcus Lindeen.

9. Marco Antonio Coutinho Jorge, *Fundamentos da psicanálise de Freud
a Lacan*, vol.2, p.90-1.

10. "Number of children being referred to gender identity clinics has quadrupled in five years", reportagem de Camilla Turner. *The Telegraph*, 8 jul 2017. Disponível em http://www.telegraph.co.uk/news/2017/07/08/number-children-referred-gender-identity-clinics-has-quadrupled/. Acessado em 20 abr 2018.

11. "Sex change regret: gender reversal surgery is on the rise, so why aren't we talking about it?", reportagem de Joe Shute. *The Telegraph*, 1º out 2017. Disponível em https://www.telegraph.co.uk/health-fitness/body/gender-reversal-surgery-rise-arent-talking/. Acessado em 15 abr 2018.

12. "I'm a pediatrician. How transgender ideology has infiltrated my field and produced large-scale child abuse", reportagem de Michelle Cretella. *The Daily Signal*, 3 jul 2017. Disponível em https://www.dailysignal.com/2017/07/03/im-pediatrician-transgender-ideology-infiltrated-field-produced-large-scale-child-abuse/. Acessado em 15 abr 2018.

13. Bernice L. Hausman, *Changing Sex: Transexualism, Technology, and the Idea of Gender*, p.25.

14. Bernice L. Hausman, *Changing Sex*, p.6-7.

15. Disponível em http://ladobi.uol.com.br/2016/10/paises-lgbt-ilegal/. Acessado em 26 abr 2018.

16. "'Campos de concentração para homossexuais': a crescente perseguição a gays na Chechênia", *BBC*, 14 abr 2017. Disponível em http://www.bbc.com/portuguese/internacional-39603792. Acessado em 20 abr 2018.

17. "Gays sofrem pressão para mudar de sexo e escapar da pena de morte no Irã", reportagem de Ali Hamedani. *BBC*, 6 nov 2014. Disponível em http://www.bbc.com/portuguese/noticias/2014/11/141105_ira_gays_hb. Acessado em 20 abr 2018.

18. Cf. Pedro Paulo Sammarco Antunes, *Homofobia internalizada: O preconceito do homossexual contra si mesmo*.

19. Marco Antonio Coutinho Jorge, "O real e o sexual: do inominável ao pré-conceito", p.16.

Notas 137

20. Esse é o sentido fundamental da reiterada afirmação de Lacan de que "Não há relação sexual no ser falante" (Seminário 18), "Não existe relação sexual" (Seminário 19). Ver o capítulo 2 do presente livro.

21. Cf. Marco Antonio Coutinho Jorge, "Homossexualidade: inversão, perversão ou subversão?", in *Fundamentos da psicanálise de Freud a Lacan*, vol.2, p.30ss.

22. "As histórias de homens e mulheres que mudaram de gênero e, depois, voltaram atrás", reportagem de Luiza Souto e Juliana Arreguy. *O Globo*, 3 set 2017. Disponível em https://oglobo.globo.com/sociedade/conheca-historia-de-homens-mulheres-que-mudaram-de-genero-depois-voltaram-atras-21777549. Acessado em 20 abr 2018.

23. "Sex change regret: gender reversal surgery is on the rise, so why aren't we talking about it?", reportagem de Joe Shute. *The Telegraph*, 1º out 2017. Disponível em https://www.telegraph.co.uk/health-fitness/body/gender-reversal-surgery-rise-arent-talking/. Acessado em 19 abr 2018.

24. Cf. Lawrence S. Mayer e Paul R. McHugh, "Sexuality and gender", p.6.

25. "A tear in the ocean": The final days of Alexis Arquette", reportagem de Seth Abramovitch. *The Hollywood Reporter*, 13 set 2016. Disponível em https://www.hollywoodreporter.com/news/final-days-alexis-arquette-a-928507. Acessado em 20 abr 2018.

26. Depoimento disponível em https://www.youtube.com/watch?v=9 L2jyEDwpEw&feature=youtu.be. Acessado em 20 abr 2018.

27. Depoimento disponível em yoyo-sah.blogspot.com.br/2016/11/senti-minha-falta.html?m=1. Acessado em 20 abr 2018.

28. A relação entre histeria e transexualidade é desenvolvida por nós no livro *Histeria e sexualidade*, no prelo.

29. Robert Whitaker, *A anatomia de uma epidemia*.

Fontes

Bissexualidade

Alberti, Sonia. "Da bissexualidade ao impossível", *in* Antonio Quinet e Marco Antonio Coutinho Jorge (orgs.). *As homossexualidades na psicanálise na história de sua despatologização.* São Paulo, Segmento Farma, 2013.

Jorge, Marco Antonio Coutinho. "12 pontuações sobre a bissexualidade", *in* Antonio Quinet e Marco Antonio Coutinho Jorge (orgs.). *As homossexualidades na psicanálise na história de sua despatologização.* São Paulo, Segmento Farma, 2013.

Pollo, Vera. "Desdobramentos freudianos da noção de bissexualidade", *in* Antonio Quinet e Marco Antonio Coutinho Jorge (orgs.). *As homossexualidades na psicanálise na história de sua despatologização.* São Paulo, Segmento Farma, 2013.

Rado, Sandor. "Um exame crítico do conceito de bissexualidade", *in* Judd Marmor (org.). *A inversão sexual: As múltiplas raízes da homossexualidade.* Rio de Janeiro, Imago, 1973.

Stoller, Robert. "Faits et hypothèses – un examen du concept freudien de bisexualité", *Nouvelle Revue de Psychanalyse* n.7, "Bisexualité et difference des sexes". Paris, Gallimard, 1973.

Gênero

Fausto-Sterling, Anne. "The five sexes", *The Sciences.* Nova York, New York Academy of Sciences, mar/abr 1993.

Kessler, Suzanne J. e Wendy McKenna. *Gender: An Ethnomethodological Approach.* Chicago, University of Chicago Press, 1978.

Laqueur, Thomas. *Inventando o sexo: Corpo e gênero dos gregos a Freud.* Rio de Janeiro, Relume Dumará, 2001.

Porchat, Patricia. *Psicanálise e transexualismo: Desconstruindo gêneros e patologias com Judith Butler.* Curitiba, Juruá, 2014.

Rubin, Gayle. *Políticas do sexo.* São Paulo, Ubu, 2017

Ruffié, Jacques. *O sexo e a morte.* Rio de Janeiro, Nova Fronteira, 1988.

Rennes, Juliette (org.). *Encyclopédie critique du genre.* Paris, La Découverte, 2016.

Homofobia

Antunes, Pedro Paulo Sammarco. *Homofobia internalizada: O preconceito do homossexual contra si mesmo.* São Paulo, Annablume, 2017.

Coutinho, Angela. "L'homophobie au Brésil: Réflexion sur l'articulation entre pratique psychanalytique et théorie queer", *in* Christèle Fraïssé. *L'homophobie et les expressions de l'ordre hétérossexiste.* Rennes, Presses Universitaires de Rennes, 2011.

Fone, Byrne. *Homofobia: una historia.* Cidade do México, Oceano, 2008.

Fuks, Betty. "Psicanálise, xenofobia: algumas reflexões", *in* Antonio Quinet e Marco Antonio Coutinho Jorge (orgs.). *As homossexualidades na psicanálise na história de sua despatologização.* São Paulo, Segmento Farma, 2013.

Maya, Acyr. "A homofobia no discurso psicanalítico sobre o casal e a parentalidade homossexual", *in* Antonio Quinet e Marco Antonio Coutinho Jorge (orgs.). *As homossexualidades na psicanálise na história de sua despatologização.* São Paulo, Segmento Farma, 2013.

_____ e Luciana Marques. "L'homophobie au nom de l'hétérotopie", *in Insistance, 12: sexualité e diversité.* Toulouse, Érès, 2017.

Misse, Michel. *O estigma do passivo sexual: Um símbolo de estigma no discurso cotidiano.* Rio de Janeiro, Achiamé/socii, 1979.

Fontes 141

Homossexualidade

Bieber, Irving (org.). *Homosexualidad – un estudio psicoanalítico*. México, Asociación Psicoanalítica Mexicana/Editorial Pax/Librería Carlos Cesarman, 1967.

Costa, Jurandir Freire. *A inocência e o vício: Estudos sobre o homoerotismo*. Rio de Janeiro, Relume Dumará, 1992.

_____. *A face e o verso: Estudos sobre o homoerotismo II*. São Paulo, Escuta, 1995.

Dover, Kenneth James. *A homossexualidade na Grécia Antiga*. São Paulo, Nova Alexandria, 1994.

Drescher, Jack. "A história da homossexualidade e a psicanálise organizada", *in* Antonio Quinet e Marco Antonio Coutinho Jorge (orgs.). *As homossexualidades na psicanálise na história de sua despatologização*. São Paulo, Segmento Farma, 2013.

Gelman, David, Donna Foote, Todd Barrett e Mary Talbot. "Homosexuality: Born or bred?", *Newsweek*, 23 fev 1992. Disponível em http://www.newsweek.com/homosexuality-born-or-bred-200636.

Jorge, Marco Antonio Coutinho. "A pulsão sexual: primeira subversão freudiana", *in Fundamentos da psicanálise de Freud a Lacan*, vol.2: *A clínica da fantasia*. Rio de Janeiro, Zahar, 2010.

_____. "O real e o sexual: do inominável ao pré-conceito", *in* Antonio Quinet e Marco Antonio Coutinho Jorge (orgs.). *As homossexualidades na psicanálise na história de sua despatologização*. São Paulo, Segmento Farma, 2013.

Mancini, Elena. *Magnus Hirschfeld and The Quest for Sexual Freedom: A History of the First International Sexual Freedom Movement*. Nova York, Macmillan, 2010

Marmor, Judd. *A inversão sexual: As múltiplas raízes da homossexualidade*. Rio de Janeiro, Imago, 1973.

Mondimore, Francis Mark. *Una historia natural de la homosexualidad*. Barcelona, Paidós, 1998.

Nierenberg, Ona. *The "Science" of homosexuality: a psychoanalytic critique*. Tese de Doutorado em Filosofia apresentada na Faculty of

The Gordon F. Derner Institute of Advanced Psychological Studies, Adelphi University, setembro de 1997.

_____. "A hunger for science: psychoanalysis and the "gay gene", *in differences*, vol.10, n.1, primavera de 1998, Indiana University Press.

Paoliello, Gilda. "A despatologização da homossexualidade", *in* Antonio Quinet e Marco Antonio Coutinho Jorge (orgs.). *As homossexualidades na psicanálise na história de sua despatologização*. São Paulo, Segmento Farma, 2013.

Quinet, Antonio. "Homossexualidades em Freud", *in* Antonio Quinet e Marco Antonio Coutinho Jorge (orgs.). *As homossexualidades na psicanálise na história de sua despatologização*. São Paulo, Segmento Farma, 2013.

Roudinesco, Elisabeth. "Psicanálise e homossexualidade – entrevista a François Pommier", *in Em defesa da psicanálise*. Textos e entrevistas reunidos por Marco Antonio Coutinho Jorge. Rio de Janeiro, Zahar, 2009.

_____. "A psicanálise à prova da homossexualidade", *in* Antonio Quinet e Marco Antonio Coutinho Jorge (orgs.). *As homossexualidades na psicanálise na história de sua despatologização*. São Paulo, Segmento Farma, 2013.

Spencer, Colin. *Homossexualidade: Uma história*. Rio de Janeiro, Record, 1996.

Psicanálise

Alberti, Sonia. *Esse sujeito adolescente*. Rio de Janeiro, Rios Ambiciosos/ Contra Capa, 2009.

Clavreul, Jean. *A ordem médica: poder e impotência do discurso médico*. São Paulo, Brasiliense, 1983.

Ferenczi, Sándor. *Thalassa: Ensaio sobre a teoria da genitalidade*. São Paulo, Martins Fontes, 1990.

Freud, Sigmund. "Tres ensayos de teoria sexual" (1905), *in Obras completas*, vol.VII. Buenos Aires, Amorrortu, 1996.

_____. "Mis teses sobre el papel de la sexualidad en la etiologia de las neurosis" (1905), in Obras completas, vol.VII. Buenos Aires, Amorrortu, 1996.

_____. "Las fantasías histéricas y su relación con la bisexualidad" (1908), in Obras completas, vol.IX. Buenos Aires, Amorrortu, 1996.

_____. "La moral sexual 'cultural' y la nerviosidad moderna" (1908), in Obras completas, vol.IX. Buenos Aires, Amorrortu, 1996.

_____. "Pulsiones y destinos de pulsión" (1915), in Obras completas, vol. XIV. Buenos Aires, Amorrortu, 1996.

_____. "Sobre la psicogénesis de un caso de homosexualidad femenina" (1920), in Obras completas, vol.XVIII. Buenos Aires, Amorrortu, 1996.

_____. "La organización genital infantil (Una interpolación en la teoría de la sexualidad) (1923), in Obras completas, vol.XIX. Buenos Aires, Amorrortu, 1996.

_____. "El sepultamiento del complejo de Edipo" (1924), in Obras completas, vol.XIX. Buenos Aires, Amorrortu, 1996.

_____. "Algunas consecuencias psíquicas de la diferencia anatómica entre los sexos" (1925), in Obras completas, vol.XIX. Buenos Aires, Amorrortu, 1996.

_____. "El malestar en la cultura" (1930), in Obras completas, vol.XVI. Buenos Aires, Amorrortu, 1996.

_____. "Análisis terminable e interminable" (1937), in Obras completas, vol.XXIII. Buenos Aires, Amorrortu, 1996.

Freud, Sigmund e Lou Andreas-Salomé. Correspondência completa. Rio de Janeiro, Imago, 1975.

Jorge, Marco Antonio Coutinho. Fundamentos da psicanálise de Freud a Lacan, vol.1: As bases conceituais. Rio de Janeiro, Zahar, 2000, p.27-36.

_____. "De Freud a Lacan: do objeto perdido ao objeto a", in Antonio Quinet e Marco Antonio Coutinho Jorge (orgs.). As homossexualidades na psicanálise na história de sua despatologização. São Paulo, Segmento Farma, 2013.

Lacan, Jacques. O seminário, livro 11: Os quatro conceitos fundamentais da psicanálise. Rio de Janeiro, Jorge Zahar, 1979.

_____. O seminário, livro 18: De um discurso que não fosse semblante. Rio de Janeiro, Zahar, 2009.

_____. *O seminário*, livro 20: *Mais, ainda*. Rio de Janeiro, Jorge Zahar, 1982.

_____. *Televisão*. Rio de Janeiro, Zahar, 1993.

_____. "O aturdito" in *Outros Escritos*. Rio de Janeiro, Jorge Zahar, 2003.

Lindenmeyer, Cristina. "Le corps féminin et la chirurgie esthétique: Une hystérie moderne", *Recherches en Psychanalyse* 20. Paris, 2015.

Magno, M.D. *O pato lógico*. Rio de Janeiro, Aoutra, 1986.

Maurano, Denise. *Para que serve a psicanálise?*. Rio de Janeiro, Zahar, 2003.

Millot, Catherine. *A vida com Lacan*. Rio de Janeiro, Zahar, 2017.

Petros, Ana. *Las encrucijadas de la sexualidad*. Buenos Aires, Psicolibro, 2013.

Safouan, Moustapha. "Contribuição à psicanálise do transexualismo", *in Estudos sobre o Édipo*. Rio de Janeiro, Zahar, 1979.

Rabinovitch, Solal. *A foraclusão – Presos do lado de fora*. Rio de Janeiro, Jorge Zahar, 2001.

Roudinesco, Élisabeth. *Por que a psicanálise?*. Rio de Janeiro, Zahar, 2000.

Whitaker, Robert. *A anatomia de uma epidemia: Pílulas mágicas, drogas psiquiátricas e o aumento assombroso da doença mental*. Rio de Janeiro, Fiocruz, 2017.

Transexualidade

Amorim, Lia e Marco Antonio Coutinho Jorge. "Transexualismo: A exigência da harmonia", *Maisum* 13, "10º Mutirão de psicanálise: a diferença sexual". Rio de Janeiro, Colégio Freudiano do Rio de Janeiro, 28 mai 1982.

_____. "Entrevista com Renata", *Maisum* 18. Rio de Janeiro, Colégio Freudiano do Rio de Janeiro, 20 out 1982.

Ansermet, François. "Escolher seu sexo: Usos contemporâneos da diferença dos sexos", *Latusa: Um corpo que nasce*. Rio de Janeiro, Escola Brasileira de Psicanálise, n.20, ago 2015.

Fontes

Becker, Clara. "Como mudar de sexo: A vida, as angústias e as cirurgias que transexuais fazem com o doutor Eloísio Alexsandro num hospital público do Rio de Janeiro". *Revista Piauí* 43, Rio de Janeiro, abr 2010. Disponível em http://piaui.folha.uol.com.br/materia/como-mudar-de-sexo/. Acessado em 17 abr 2018.

Bento, Berenice. *A reinvenção do corpo: sexualidade e gênero na experiência transexual*. Rio de Janeiro, Garamond, 2006.

Castel, Pierre-Henri. "Algumas reflexões para estabelecer a cronologia do 'fenômeno transexual' (1910-1995)", *Revista Brasileira de História* 21: 41. São Paulo, Associação Nacional de História, 2001.

Cauldwell, D.O. "Psychopathia transexualis", *The International Journal of Transgenderism* 5(2), abr-jun 2001. (Texto publicado originalmente em *Sexology* 16, 1949.)

Ceccarelli, Paulo Roberto. *Transexualidades*. São Paulo, Casa do Psicólogo, 2ª ed. 2013.

Chiland, Colette. *O transexualismo*. São Paulo, Loyola, 2008.

Czermak, Marcel. "Précisions sur la clinique du transsexualisme", *Le Discours Psychanalytique* 3. Paris, abr 1982.

_____. *Patronimias: Questões da clínica lacaniana das psicoses*. Rio de Janeiro, Tempo Freudiano, 2012.

Esquirol, Jean-Étienne. "De la démonomanie", *in Des maladies mentales*. Paris, Baillière, 1838.

Frignet, Henry. *O transexualismo*. Rio de Janeiro, Companhia de Freud, 2002.

Hausman, Bernice L. *Changing sex: Transexualism, Technology, and The Idea of Gender*. Londres, Duke University Press, 1995.

Hoyer, Niels. *Lili: A Portrait of the First Sex Change*. Canelo Digital Publishing Limited, 2015.

Klotz, Henri-Pierre. "Le transsexualisme, problème médical", *Ornicar?* 22-23. Paris, Lyse, 1981.

Kress-Rosen, Nicole. "Introduction à la question du transsexualisme", *Le discours psychanalytique* 3. Paris, abr 1982.

Lebrun, Jean-Pierre. "Le transsexuel, enfant-modèle de la science", *Essaim* 3, "Dépossessions subjectives". Ramonville Saint-Agne, Érès, 1999.

Mayer, Lawrence S. e Paul R. McHugh. "Sexuality and gender: Findings from the biological, psychological and social sciences", *The New Atlantis: A Journal of Technology and Society* 50, outono de 2016.

Millot, Catherine. "Transsexualisme féminin et homosexualité", *Ornicar?* 22-23. Paris, Lyse, 1981.

_____. *Horsexe: Essai sur le transsexualisme*. Paris, Point Hors Ligne, 1983.

Morel, Geneviève. *Ambiguïtés sexuelles: Sexuation et psychose*. Paris, Anthropos, 2004.

Nierenberg, Ona e Eve Watson. "Making a difference: On the non-rapport of psychoanalysis and the discourse of 'trans'", *in* Carol Owens e Stephanie Farrelly Queen (orgs.), *Lacanian Psychoanalysis with Babies, Children, and Adolescents: Further Notes on the Child*. Londres, Karnac Books, 2017.

Pollo, Vera. "Não há transexual fora do discurso da ciência", *in O medo que temos do corpo: Psicanálise, arte e laço social*. Rio de Janeiro, 7Letras, 2012.

Rinaldi, Doris e Virgínia Bustamante Bittencourt. "Transexuais e transexualistas", *in* Sonia Alberti (org.), *A sexualidade na aurora do século XXI*. Rio de Janeiro, Companhia de Freud, 2008.

Savitsch, Eugene de. *Homosexuality, Transvestism and Change of Sex*. Springfield, Charles C. Thomas, 1958.

Stoller, Robert. *Recherches sur l'identité sexuelle*. Paris, Gallimard, 1978.

_____. *A experiência transexual*. Rio de Janeiro, Imago, 1982.

Travassos, Natália Pereira. *A roupa do sexo: Transexualidade e psicanálise*. Dissertação de Mestrado em Pesquisa e Clínica em Psicanálise, Programa de Pós-graduação em Psicanálise, Universidade do Estado do Rio de Janeiro, mar 2017.

Ventura, Miriam. *A transexualidade no tribunal: saúde e cidadania*. Rio de Janeiro, EdUERJ, 2010.

Fontes 147

Filmes

Ångrarna [Os arrependidos], de Marcus Lindeen, 2010.
De gravata e unha vermelha, de Miriam Chnaiderman, 2015.
O Einstein do sexo (Der Einstein des Sex), de Rosa von Praunheim, 1999.
Laerte-se, de Eliane Brum e Lygia Barbosa da Silva, 2017.
Meninos não choram (Boys Don't Cry), de Kimberly Peirce, 1999.
Paradiset er ikke til salg [o paraíso não está à venda], de Teit Ritzan, 1985.
Tomboy, de Céline Sciamma, 2011.
Transamerica, de Duncan Tucker, 2005.

Agradecimentos

À Cristina Zahar, que colaborou na concepção da estrutura do projeto. À Clarice Zahar, pelas valiosíssimas sugestões para o texto final. À Betty Milan, pelo entusiasmo e retorno que deu às questões suscitadas nesse livro. A Alexandra Ferreira, Anne Ackermans e Cláudio Piccoli, pela leitura cuidadosa. A Ana Maria Rudge e Sonia Leite, pelo apoio a nossa abordagem do tema. À Macla Nunes, pela escuta e presença constantes. Aos psicanalistas do Corpo Freudiano, que enriqueceram o debate durante os seminários e encontros de 2017. Ao Raphael Andrade, pelo diálogo sobre homofobia. Ao Jordhan Lessa, que generosamente compartilhou conosco sua experiência. Aos corpos docente e discente do Programa de Pós-graduação em Psicanálise da Universidade do Estado do Rio de Janeiro. Ao Grupo Arco-íris. À Eliane Scherman, pela aposta. À Eliane Maria Soares Gomes, pela palavra salutar. Aos analisandos, com quem aprendemos o que é a psicanálise.

Coleção Transmissão da Psicanálise

Não Há Relação Sexual
Alain Badiou e Barbara Cassin

**Fundamentos da Psicanálise
de Freud a Lacan**
(4 volumes)
Marco Antonio Coutinho Jorge

Histeria e Sexualidade

Transexualidade
*Marco Antonio Coutinho Jorge;
Natália Pereira Travassos*

Por Amor a Freud
Hilda Doolittle

A Criança do Espelho
Françoise Dolto e J.-D. Nasio

O Pai e Sua Função em Psicanálise
Joël Dor

**Introdução Clínica à
Psicanálise Lacaniana**
Bruce Fink

**A Psicanálise de Crianças
e o Lugar dos Pais**
Alba Flesler

Freud e a Judeidade
Betty Fuks

A Psicanálise e o Religioso
Phillipe Julien

O Que É Loucura?

Gozo

Simplesmente Bipolar
Darian Leader

Freud e a descoberta do inconsciente
Octave Mannoni

**5 Lições sobre a
Teoria de Jacques Lacan**

9 Lições sobre Arte e Psicanálise

**Como Agir com um
Adolescente Difícil?**

Como Trabalha um Psicanalista?

A Depressão É a Perda de uma Ilusão

A Dor de Amar

A Dor Física

A Fantasia

Os Grandes Casos de Psicose

A Histeria

Introdução à Topologia de Lacan

**Introdução às Obras de Freud,
Ferenczi, Groddeck, Klein, Winnicott,
Dolto, Lacan**

**Lições sobre os 7 Conceitos
Cruciais da Psicanálise**

O Livro da Dor e do Amor

O Olhar em Psicanálise

Os Olhos de Laura

Por Que Repetimos os Mesmos Erros?

O Prazer de Ler Freud

Psicossomática

O Silêncio na Psicanálise

Sim, a Psicanálise Cura!
J.-D. Nasio

Guimarães Rosa e a Psicanálise
Tania Rivera

A Análise e o Arquivo

Dicionário Amoroso da Psicanálise

Em Defesa da Psicanálise

O Eu Soberano

Freud — Mas Por Que Tanto Ódio?

Lacan, a Despeito de Tudo e de Todos

O Paciente, o Terapeuta e o Estado

A Parte Obscura de Nós Mesmos

Retorno à Questão Judaica

**Sigmund Freud na sua Época
e em Nosso Tempo**
Elisabeth Roudinesco

**O Inconsciente a Céu Aberto
da Psicose**
Colette Soler

1ª EDIÇÃO [2018] 4 reimpressões

ESTA OBRA FOI COMPOSTA POR MARI TABOADA EM DANTE PRO E
IMPRESSA EM OFSETE PELA GRÁFICA BARTIRA SOBRE PAPEL PÓLEN NATURAL
DA SUZANO S.A. PARA A EDITORA SCHWARCZ EM AGOSTO DE 2023

A marca FSC® é a garantia de que a madeira utilizada na fabricação do papel deste livro provém de florestas que foram gerenciadas de maneira ambientalmente correta, socialmente justa e economicamente viável, além de outras fontes de origem controlada.